Stephanie Mende

Um Gottes willen

Für Sr. Teresa

Viel Vergnügen
bei der Lektüre

♡-lich Stephanie

Stephanie Mende

Um Gottes willen

Warum Menschen heute ins Kloster gehen

adeo

Inhalt

Vorwort 7

Was führt mich näher zu Gott? 11
Pater Timotheus Bosch, Jg. 1974, Missionsbenediktiner,
St. Ottilien

Gott sagt mir nicht, wo der Hammer hängt 27
Schwester M. Ursula Hertewich, Jg. 1975, Arenberger
Dominikanerin, Koblenz

Mein Leben ganz auf Jesus ausrichten 39
Schwester M. Serafina Adler, Jg. 1996, Klarisse von der
Ewigen Anbetung, Bautzen

Nicht leicht, aber wunderschön 53
Pater Isaak Maria Käfferlein, Jg. 1993, Zisterzienser, Neuzelle

Jeden Tag neu anfangen 65
Schwester M. Martha Metzger, Jg. 1974, Benediktinerin von
St. Alban, Dießen am Ammersee

Eine große innere Freiheit 81
Schwester Barbara Volk, Jg. 1967, Barmherzige Schwester
vom heiligen Vinzenz von Paul, Untermarchtal

In der Liebe zu Gott und den Menschen wachsen 93
Bruder Matthäus Mayer, Jg. 1973, Missionsbenediktiner,
St. Ottilien

Den Willen Gottes leben und glücklich sein 105
Schwester Yvonne Wanke, Jg. 1971, Anbeterin des
Blutes Christi, Maria Baumgärtle

Gott das Beste schenken, was ich habe – mich selbst . . . 117
Schwester Emmanuela Hartmann, Jg. 1960, Barmherzige
Schwester vom heiligen Vinzenz von Paul, Augsburg

Das Leben von Gott füllen lassen 133
Bruder Julian Kendziora, Jg. 1995, Kapuziner,
Salzburg/Münster

**Mitten unter den Menschen zu sein,
nährt meinen Glauben** 149
Kleine Schwester Ulrike-Dorothea von Jesus, Jg. 1973,
Kleine Schwester Jesu, München

Auch für sich selbst sorgen können 165
Schwester Doris Engelhard, Jg. 1949,
Arme Franziskanerin von der Heiligen Familie, Mallersdorf

Ich habe mein Leben richtig gelebt 177
Pater Remigius Rudmann, Jg. 1927, Missionsbenediktiner,
St. Ottilien

Eine gute Etappe auf meinem Weg 189
Susanne, ehemalige Schwester

Das allerbeste Leben, das es gibt 201
Schwester Kerstin-Marie Berretz, Jg. 1979,
Arenberger Dominikanerin, Oberhausen

Mich vom Heiligen Geist führen lassen 211
Schwester Bettina Peter, Jg. 1987, Gemeinschaft Chemin Neuf,
Hautecombe, Frankreich

Vorwort

Als ich im Freundes- und Bekanntenkreis erzähle, dass ich ein Buch über das Ordensleben im 21. Jahrhundert schreibe, reagieren viele überrascht. Die meisten kennen keine Ordensleute und haben mittelalterliche Vorstellungen von einem Leben im Kloster. „Dürfen Nonnen und Mönche überhaupt mit dir sprechen?", werde ich oft gefragt. Und: „Gibt es heute wirklich noch Menschen, die so etwas freiwillig machen?" Ja, die gibt es.

Durch Aufenthalte in Gästehäusern von Klöstern und die Teilnahme an Seminaren habe ich mehrere Ordensleute kennengelernt, die mich sehr beeindruckt haben. Die Gespräche, die ich mit ihnen führen durfte, waren tiefgründig. Aber sie verstehen es auch, das Leben zu genießen, zu feiern und Spaß zu haben. Das bringt mich auf die Idee, die Lebens- und Berufungsgeschichten einzelner Personen zu erforschen. So ist dieses Buch mit individuellen Geschichten entstanden.

Sicherlich entscheiden sich heute nicht mehr so viele Menschen wie früher dafür, ein Leben zu führen, in dem Gott, das Gebet und der Dienst an anderen im Zentrum stehen. Aber es gibt nach wie vor Männer und Frauen, die sich zum Ordensleben berufen fühlen. Menschen, die tief in ihrem Herzen den Wunsch spüren, Gott suchen und ihm jeden Tag ein Stück näher kommen zu wollen.

Das Vorurteil, dass es sich beim Eintritt in einen Orden um eine Flucht aus dem realen Leben handelt, kann schnell entkräftet werden. Nirgendwo wird man mit den Facetten der eigenen Persönlichkeit so bedingungslos konfrontiert wie hier. Und: Man kann nicht weglaufen!

Wenn ich gefragt werde, wie man sich das Ordensleben vorstellen muss, erkläre ich es so: „Stell dir vor, am Abend schließt jemand die Tür deiner Arbeitsstätte und alle deine Kolleginnen und Kollegen sind ab sofort deine Mitbewohner. Ab jetzt seid ihr eine Lebensgemeinschaft, die mehrmals am Tag zusammen betet, alle Mahlzeiten gemeinsam einnimmt und wichtige Entscheidungen zum Wohle der Allgemeinheit treffen muss." Gut, der Vergleich hinkt insofern etwas, als dass es dann eine gemischte Gemeinschaft mit Männern und Frauen wäre. Aber das Beispiel verdeutlicht, was eine der größten Herausforderungen im Orden zu sein scheint: Man lebt in Gemeinschaft mit Menschen, die man sich nicht selbst ausgesucht hat.

Warum ein Leben nach den evangelischen Räten, also in Armut, Gehorsam und Keuschheit, erstrebenswert sein soll, das ist eine der Fragen, die ich meinen verschiedenen Gesprächspartnern stelle. Insgesamt finde ich 15 Ordensmänner und -frauen, die bereit sind, mir ihre persönliche Geschichte zu erzählen. Und ich treffe auch eine junge Frau, deren Weg in den Orden kurz vor den Ewigen Gelübden zu Ende ist.

Knapp ein Jahr lang bin ich unterwegs, um Interviews zu führen. Die jüngste Schwester ist 23 Jahre alt, der älteste Pater 92. Alle nehmen sich gerne Zeit für mich und begegnen mir mit großer Offenheit. Dabei wird schnell klar: Die antiquierten Vorstellungen, die vielfach über das Ordensleben herrschen, haben mit der Realität überhaupt nichts zu tun.

Die Gespräche, die ich führen darf, empfinde ich als großes Geschenk. Sie sind bereichernd, weil sie meinen Horizont erweitern und meinen Blick für das Wesentliche schärfen. Während in der Zivilgesellschaft ein Superlativ den nächsten jagt, lerne ich während der Interviews, dankbar auf das zu schauen, was ich habe. Ich spüre etwas davon, was es heißt, zufrieden und bedürfnislos zu leben und diese innere Freiheit bewusst wahrzunehmen.

Allen, die sich Zeit für das Gespräch mit mir genommen und mir ihr Vertrauen geschenkt haben, danke ich von ganzem Herzen! Mein besonderer Dank gilt Bruder Matthäus aus St. Ottilien für seinen Zuspruch und seine ermutigenden Worte. Er war der Erste, dem ich von meiner Idee, dieses Buch zu schreiben, erzählt habe. Ein weiterer besonderer Dank gilt Schwester M. Ursula aus Arenberg. Sie hat mit ihrer unkomplizierten und pragmatischen Art den Kontakt zum adeo-Verlag hergestellt, was für dieses Buch ein großer Segen war. Und zu guter Letzt danke ich meiner Lektorin Renate Hübsch, die viel Geduld mit mir hatte und mich bestens betreute, sowie der Programmleiterin Karoline Kuhn, die sich für meine Buchidee begeistern ließ.

Nun wünsche ich Ihnen, liebe Leserin, lieber Leser, eine bereichernde Lektüre.

Ihre Stephanie Mende

Was führt mich näher zu Gott?

Pater Timotheus Bosch, Jg. 1974,
Missionsbenediktiner, St. Ottilien

„Gott ist die Liebe. Nach dieser Liebe sollten auch
wir Menschen streben, um dann schließlich
bei Gott die Vollendung erfahren zu können."

Etwa 40 Kilometer westlich von München befindet sich die Erzab-
tei St. Ottilien. Die große Klosteranlage, die von vielen Besuchern
als Kraftort wahrgenommen wird, liegt eingebettet in Wiesen, Wäl-
der und Felder im oberbayerischen Landkreis Landsberg am Lech.
Bei schönem Wetter hat man von hier aus einen einzigartigen Blick
auf das Alpenpanorama. Rund 80 Missionsbenediktiner leben, beten
und arbeiten hier. Der Jüngste ist Anfang 20 und direkt nach dem
Abitur in die Gemeinschaft eingetreten. Der Älteste ist 92. Er lebt seit
über 70 Jahren in St. Ottilien.
Pater Timotheus ist 45 Jahre alt und seit fünf Jahren Prior der
Erzabtei. Er hat eine freundliche und aufgeschlossene Art, die es Be-
suchern des Klosters leicht macht, mit ihm in Kontakt zu treten. Das
Gespräch mit ihm ist angenehm und – so mein Empfinden – ausge-
sprochen offen und tiefgründig. Wir sitzen in einem Sprechzimmer,

in dem sich die Mönche mit Besuchern treffen können, und unter-
halten uns angeregt.

Stefan – so der Taufname von Pater Timotheus – wird 1974 in Ulm geboren. Zusammen mit seinem jüngeren Bruder verbringt er eine glückliche Kindheit im beschaulichen Wullenstetten im Landkreis Neu-Ulm. Er ist ein aufgeweckter, wissbegieriger und pflichtbewusster Junge, der schon mit fünf Jahren eingeschult wird. „Ich bin in einem gut katholischen Elternhaus aufgewachsen. Jeden Sonntag besuchten wir den Gottesdienst. Unser damaliger Pfarrer hatte eine sehr liebevolle Art, die es uns Kindern leicht machte, uns in der Kirchengemeinde wohlzufühlen. Und so war es für mich selbstverständlich, nach der Erstkommunion Ministrant zu werden." Ein Amt, das der kleine Stefan mit großer Freude und viel Engagement ausübt. „Sonntags ministrierte ich meistens zweimal: in der Frühmesse und im normalen Gemeindegottesdienst. Ich mochte die Atmosphäre in der Kirche. Deshalb ministrierte ich auch regelmäßig an Werktagen. Damals fasste ich den Entschluss, Priester zu werden. Ich spürte eine tiefe Verbundenheit, aber auch eine tiefe Sehnsucht nach Gott in mir."

Die Eltern sind selbstständig. Sie führen den familieneigenen Zimmereibetrieb in der fünften Generation. Dass nicht nur sein Vater, sondern auch seine Mutter Bauingenieurwesen studiert hatte, war für die damalige Zeit ungewöhnlich. „Unsere Mutter war die älteste von drei Töchtern und meine Großeltern erwarteten von ihr, den Familienbetrieb weiterzuführen. Da meine Mutter aber nicht nur in der Verwaltung tätig sein, sondern auch selbst Baupläne entwerfen wollte, ging sie zum Studium an die

Fachhochschule nach Augsburg. Dort lernte sie meinen Vater kennen. Bis ich in die siebte Klasse kam, haben mein Bruder und ich unsere Hausaufgaben im Haus unserer Großeltern gemacht, in dem auch das Büro war, in dem unsere Mutter gearbeitet hat. Wenn wir fertig waren, gingen wir zu einer sehr liebevollen Tagesmutter. Doch trotz der vielen Arbeit fanden meine Eltern immer Zeit, ihren Glauben aktiv zu leben. So besuchten sie jedes Jahr im Advent einen Meditationskurs im Kloster Neresheim."

Auch Stefan lernt die Benediktinerabtei kennen. Doch das ist als Kind nicht sein einziger Kontakt zu einem Kloster. Zwei Tanten seines Vaters sind Ordensfrauen und werden ab und an von der Familie besucht. Zwar kommt es Stefan zu dieser Zeit noch nicht in den Sinn, selbst einmal in ein Kloster einzutreten, doch der Wunsch, Priester zu werden, festigt sich im Laufe der Jahre. Am Gymnasium wählt er ab der siebten Klasse Latein als zweite Fremdsprache, um eine Grundlage für das spätere Theologiestudium zu schaffen. „Als Jugendlicher habe ich sogar mit einer Verwandten um fünf Mark gewettet, dass ich Priester werde."

Aber dann kommt alles ganz anders. „Als ich in der neunten oder zehnten Klasse war, hatte ich mein physikalisches Erweckungserlebnis. Mein Vater hatte großes Interesse an Physik, sodass es bei uns zu Hause viel populärwissenschaftliche Literatur zu diesem Thema gab. Ich begann, darin zu stöbern, und war sofort begeistert.

Als ich dann von der Schule auch noch als Buchpreis *Die kosmische Uhr* von Hubert Reeves geschenkt bekam – ein Buch, in dem es unter anderem um das Standardmodell der Teilchenphysik geht –, war mein Interesse an Physik endgültig geweckt. Also

belegte ich Mathematik und Physik in der Oberstufe als Leistungs-
kurse und schrieb mich nach dem Abitur und dem Zivildienst in
Ulm für ein Physikstudium ein.

Meiner Heimatpfarrei blieb ich dennoch treu. Bis zu meinem
Vordiplom war ich als Oberministrant in unserer Gemeinde aktiv.
Nur die fünf Mark, um die ich ein paar Jahre zuvor gewettet hatte,
verlor ich, denn der Priesterberuf schien mit Beginn des Physik-
studiums ein für alle Mal passé zu sein. Dass sich in meinem Leben
noch einmal alles ändern und ich das Geldstück viele Jahre später
wieder zurückbekommen würde, hätte damals wohl niemand gedacht." Pater Timotheus schmunzelt.

„Das war allerdings nicht der Grund, ins Kloster einzutreten
und doch noch Priester zu werden. Rückblickend muss ich sagen,
dass ich unendlich dankbar dafür bin, dass ich in einem soliden
und funktionierenden Elternhaus aufwachsen durfte. Welch großes Geschenk das ist, habe ich erst richtig begriffen, als ich schon
im Kloster war. Natürlich wurde bei uns zu Hause auch gestritten, aber am Ende wurde alles ausdiskutiert. Mein Bruder und
ich fühlten uns in der Familie geborgen. Es war immer klar, dass
Vater und Mutter für uns da sind. Das war das Fundament unserer
Kindheit. Durch die Berufstätigkeit unserer Eltern wurden wir
aber auch schon früh zur Eigenverantwortung und zur Mithilfe
erzogen. Es war selbstverständlich, dass wir in den Ferien in der
Zimmerei mitarbeiteten. Wir zogen immer alle an einem Strang.
Noch heute habe ich zu meiner Familie eine sehr tiefe Bindung."

Wie die Schulzeit verläuft auch das Studium reibungslos. In dieser Zeit ist Stefan zum ersten Mal richtig verliebt. „Ich hatte damals meine erste feste Beziehung. Auch wenn ich schnell spürte,

dass es nicht die Frau fürs Leben war, war es eine schöne Zeit und eine gute Freundschaft."

Nach dem Vordiplom wechselt Stefan an die Technische Universität München. Die erste Beziehung hat keinen Bestand. Mit 24 Jahren hat der zielstrebige junge Mann bereits sein Physik-Diplom in der Tasche. Doch damit ist seine Universitätslaufbahn noch nicht beendet. „Schon während der Diplomarbeit war mir klar, dass ich promovieren wollte. Die Promotionsstelle bekam ich am Max-Planck-Institut für Physik in München-Freimann und über ein Stipendium konnte ich zehn Monate ans CERN in der Nähe von Genf. Das war natürlich ein Traum."

Das CERN – die Abkürzung steht für Conseil Européen pour la Recherche Nucléaire, also Europäische Organisation für Kernforschung – ist für jeden Teilchenphysiker der Olymp. Dort wird physikalische Grundlagenforschung betrieben und mithilfe großer Teilchenbeschleuniger der Aufbau von Materie erforscht. „Für mich war das eine ganz tolle Zeit. Nicht nur die Arbeit begeisterte mich, auch privat war ich sehr glücklich. Ich lernte eine Medizinstudentin kennen. Wir passten so gut zusammen, dass ich dachte, die Frau fürs Leben gefunden zu haben. Als ich nach meiner Tätigkeit am CERN wieder zurück nach München ging, führten wir eine Fernbeziehung. Es war eine intensive Freundschaft, die mir bis heute sehr viel bedeutet."

In München widmet sich Stefan der Fertigstellung seiner Doktorarbeit in theoretischer Teilchenphysik. Gerade einmal 27 Jahre ist er alt, als ihm die Doktorwürde verliehen wird. Doch bei allem Interesse für die Naturwissenschaft bleibt der Glaube eine wichtige Stütze in seinem Leben und immer wieder treibt ihn die Frage um, ob er wirklich sein Leben lang in der Forschung tätig sein will. „Während meiner ganzen Studien- und Promotionszeit habe ich regelmäßig Gottesdienste besucht. Und ich hatte Freunde, mit denen ich über religiöse Themen reden konnte. Das war wichtig für mich. Außerdem besuchte ich mindestens einmal im Jahr einen Meditationskurs bei Pater Beda in der Benediktinerabtei Neresheim. Selbst in ein Kloster einzutreten, kam allerdings nicht für mich infrage. Auch wenn Pater Beda jedes Mal zu mir sagte, dass er für mich bete, damit ich den Weg ins Kloster finde." Der weise Pater spürt wohl, wie tief der junge Naturwissenschaftler im Glauben verwurzelt ist.

„Im Fachbereich Physik ist es üblich, nach der Promotion erst einmal mehrere Postdoc-Stellen zu absolvieren, und so habe ich mich bereits parallel zur Doktorarbeit um eine solche Stelle beworben. Als ich schließlich ein Angebot von der Cornell University in Ithaca, New York, erhalten habe, war ich sofort hellauf begeistert. Diese Stelle wollte ich unbedingt antreten."

Mit Feuereifer stürzt sich der begabte Physiker in seine Arbeit. Doch nur wenige Monate nachdem Stefan seine Postdoc-Stelle in den USA angetreten hat, erhält er eine erschütternde Nachricht aus Deutschland: Sein Vater ist an einem Glioblastom erkrankt, einem besonders aggressiven Gehirntumor. Die Lebenserwartung liegt bei elf bis 15 Monaten. Stefan ist geschockt. Das Einzige, was dem 28-Jährigen in dieser Zeit Halt gibt, ist sein Glaube; so wie auch seiner Familie in Deutschland, die sich von nun an jeden Abend zum gemeinsamen Gebet trifft.

„Auf dem Universitätsgelände gab es mittags eine heilige Messe, die ich ab diesem Zeitpunkt regelmäßig besuchte. Meistens hielt der emeritierte Philosophie-Dozent Father Robert Smith – von uns Father Bob genannt – den Gottesdienst. Er war als Ruhestandsgeistlicher in der Hochschulseelsorge in Cornell tätig. Mit ihm konnte ich sehr gute Gespräche führen. Vor allem die Frage, was für ein Leben ich gern gelebt hätte, wenn ich eine solche Diagnose wie mein Vater erhalten würde, trieb mich damals um."

Father Bob wird ein wichtiger Wegbegleiter für Stefan. „Er organisierte einen Lesekreis, in dem wir uns regelmäßig trafen, um über Bücher zu philosophieren. In diesen Runden konnte ich Kraft tanken. Als dann die langjährige Beziehung zu meiner Freundin in Genf zu Ende ging, empfahl mir Father Bob, Exerzitien nach dem Modell von Ignatius von Loyola zu machen. Ich war aufgeschlossen für diesen Vorschlag. Allerdings dauern diese Exerzitien normalerweise 30 Tage, und das war mit meiner Postdoc-Stelle nicht zu vereinbaren."

Ignatianische Exerzitien bedeuten 30 Tage im Schweigen, in denen der Teilnehmer sich ausschließlich dem Gebet, der Gewissenserforschung und der Meditation von Bibelstellen widmet. Um diese Form der geistlichen Übung mit unserer heutigen Lebensweise in Einklang bringen zu können, gibt es die Möglichkeit, sie als *Exerzitien im Alltag* durchzuführen. Hierbei geht es den Teilnehmern vor allem darum, sich intensiv mit ihrem Glauben auseinanderzusetzen, die eigene Gottesbeziehung zu vertiefen und sich bewusst mit dem Studium der Heiligen Schrift zu beschäftigen. Diese Form der Exerzitien wählt Stefan.

„Das Programm, das Ignatius für einen Tag vorgesehen hat, wird auf eine Woche ausgedehnt. Meine Exerzitien dauerten also 30 Wochen. Jeden Tag nahm ich mir eine Stunde Zeit, um die

Heilige Schrift zu meditieren und die Texte mit meinem eigenen Leben in Verbindung zu bringen. Das war eine sehr wertvolle Erfahrung für mich. Zusätzlich fand einmal pro Woche ein Treffen mit Sister Donna statt, die mich während der Exerzitien begleitet hat. Schon nach kurzer Zeit spürte ich tief in mir wieder diese Sehnsucht, Priester zu werden, die ich bereits aus meiner Kindheit kannte.

Natürlich war mir bewusst, dass ich mich in einer schwierigen Lebensphase befand: Mein Vater war todkrank, meine Freundin hatte unsere Beziehung beendet und ich stellte mir die Frage, ob der Job als Physiker das Richtige für mich war. Priester zu werden und ins Kloster zu gehen, das sollte schließlich keine Flucht sein. Hier waren die Gespräche mit Sister Donna sehr hilfreich. Und auch die Exerzitien haben sehr fruchtbar in mir gewirkt. Die Sehnsucht, meinen Glauben zu vertiefen und ein Leben für Gott und mit Gott zu führen, wurde ständig größer. Immer intensiver beschäftigte ich mich nun mit den Fragen: Was führt mich näher zu Gott oder was hindert mich daran? Mir war schnell klar, dass das die Grundlage für meine Lebensentscheidung sein musste.

Zu dieser Zeit besuchte ich einmal ein kleines Benediktinerkloster in der Nähe von Ithaca. Im Klosterladen fiel mir das Buch *Vocations Anonymous*, also die ‚Anonymen Berufenen‘, in die Hände. In diesem Buch gab es einen Test zum Thema geistliche Berufung. Alle Fragen dieses Tests konnte ich mit einem klaren Ja beantworten. Nur eine Frage musste ich verneinen: Versteckst du Bücher zum Thema geistliche Berufung unter deinem Bett? Ehrlich gesagte wusste ich bis zu diesem Zeitpunkt nicht einmal, dass es solche Bücher gab.

Als ich das Ergebnis dieses Tests dann schwarz auf weiß vor mir sah, fiel es mir wie Schuppen von den Augen: Ich wollte Ordensmann und Priester werden. Aber es dauerte noch über ein Jahr, bis ich mich wirklich entscheiden konnte, meine bisherigen Zelte hinter mir abzubrechen und ein neues Leben zu beginnen. Da es meinem Vater immer schlechter ging, wollte ich nicht länger in den USA bleiben. Meine zweijährige Tätigkeit an der Cornell University war inzwischen beendet. So konnte ich zurückkehren nach Deutschland und eine Stelle in Aachen antreten.

Parallel begab ich mich auf die Suche nach einer passenden Ordensgemeinschaft. So war ich beispielsweise bei den Jesuiten in Frankfurt, bei den Dominikanern in Düsseldorf und zum Osterkurs in St. Ottilien, der damals von Pater Wolfgang, unserem jetzigen Vater Erzabt, geleitet wurde. Das war ein intensives Erlebnis. Wir führten viele gute Gespräche und die Spiritualität der Ottilianer Mönche berührte mich sehr. Dennoch ging ich im Anschluss an den Osterkurs zu einem Kloster-auf-Zeit-Kurs nach Münsterschwarzach. Dort machte ich auch viele positive Erfahrungen und führte wichtige Gespräche mit den Mönchen. Aber letzten Endes zog es mich nach St. Ottilien. Zu Pfingsten verbrachte ich wieder einige Tage hier. Da hat es dann endgültig ‚gefunkt' und im September 2005 bin ich in St. Ottilien eingetreten."

Zunächst absolviert der Kandidat das Postulat, um mit dem Leben in der Klostergemeinschaft vertraut zu werden. Er bezieht ein Zimmer in der Klausur, nimmt an den täglichen Gebetszeiten teil und arbeitet in den Klosterbetrieben mit. Dabei prüft er, ob er sich für das Klosterleben eignet, ob er sich in der Gemeinschaft mit den anderen Mönchen wohlfühlt, ob er mit dem Alleinsein zurechtkommt und ob er sich vorstellen kann, die Suche nach Gott dauerhaft zu seinem Lebensmittelpunkt zu machen. Wenn all diese Punkte zutreffen, beginnt in der Regel nach etwa sechs Monaten das Noviziat, die Ausbildungszeit der Mönche. Im Rahmen einer Einkleidungsfeier erhält der Novize seinen Habit, also das Ordensgewand, seinen Ordensnamen und wird als Bruder in die Gemeinschaft aufgenommen. In St. Ottilien schreiben die Kandidaten drei Namen auf einen Zettel, die noch nicht im Konvent vertreten sein dürfen. Der Erzabt wählt aus, welchen Namen der Novize erhält. Bei Stefan fällt die Wahl auf Timotheus.

Der Tagesablauf der Mönche ist klar geregelt. Der Tag beginnt um 5.40 Uhr mit Vigil und Laudes. Im Anschluss findet das Konventamt statt. Um 12 Uhr folgt das Mittagsgebet, um 18 Uhr die Vesper und um 20 Uhr die Komplet. Danach gehen die Mönche schweigend auseinander und ziehen sich in ihre Zellen zurück – so die Idealvorstellung. Die Realität sieht aber häufig anders aus.

„Für mich ist das gemeinsame Gebet mit den Mitbrüdern eine wichtige Stütze. Im Alltag habe ich oft nur wenig Zeit für das persönliche Gebet oder eine längere Meditation. Als Lesezeit nutze ich die Zeit zwischen Vesper und Abendessen, das ist eine knappe halbe Stunde am Tag. Da ich ein Nachtmensch bin, gehe ich nach der Komplet meistens noch in mein Büro, um zu arbeiten. Entsprechend schwer fällt es mir, morgens aus dem Bett zu kommen. Seit ich in St. Ottilien bin, bin ich noch nie ohne Wecker aufgewacht. Zum Morgengebet pünktlich in der Klosterkirche zu sein, das ist noch heute eine tägliche Herausforderung für mich. Allerdings muss ich auch gestehen, dass ich es mir gönne, an einem Tag pro Woche auszuschlafen."

Neben dem Gebet hat die Arbeit in St. Ottilien einen hohen Stellenwert. „Zu Beginn meines Klosterlebens wurde ich im Kuhstall eingesetzt. Da habe ich mich dann schon auch manchmal gefragt, ob ich in Physik promoviert habe, um jetzt einen Kuhstall auszumisten. Aber das gehört zum Klosterleben dazu. Man muss die Arbeit erledigen, für die man eingeteilt wird. So ging es mir auch, als an mich herangetragen wurde, ein Referendariat zu machen, um an unserem Gymnasium unterrichten zu können. Insgesamt finde ich den Wechsel von Arbeits- und Gebetszeit sehr wertvoll. Die Gebetszeiten strukturieren unseren Tag, sodass wir auch immer wieder Pausen einlegen und unsere Gedanken sammeln können."

Während des Noviziats verschlechtert sich der Gesundheitszustand von Bruder Timotheus' Vater zusehends. „Ich empfand es als sehr großzügig vom Kloster und bin bis heute dankbar dafür, dass ich in dieser Zeit alle sechs Wochen für einen Tag nach Ulm fahren durfte, um bei den Besprechungen im Krankenhaus dabei sein zu können. Als klar war, dass die Zeit des endgültigen Abschiednehmens gekommen war, verbrachten wir die letzten Tage im Pflegeheim und haben unseren Vater in den Tod begleitet."

Trotz aller Trauer gelingt es der Familie, den Blick dankbar auf das erfüllte Leben des Verstorbenen im Diesseits und die tiefe Gewissheit auf ein Weiterleben im Jenseits zu richten. Am Totenbett des Vaters singen sie gemeinsam *Großer Gott, wir loben dich*. „Für mich war das das tiefste spirituelle Erlebnis während meines Noviziats. Auch wenn unser Vater bei vielen wichtigen Ereignissen wie der Hochzeit meines Bruders oder meiner Professfeier im Kloster nicht mehr dabei sein konnte, fühlten wir doch die innige Verbundenheit mit ihm. Es ist ein Schmerz, dass er nicht mehr da ist, aber da ist auch eine ganz tiefe Gewissheit, dass es ihm jetzt gut geht und er in der Fülle bei Gott ist. Für mich ist das Leben auf Erden nur die Ouvertüre für das, was danach kommt. Das kommt auch in einem Spruch des heiligen Augustinus zum Ausdruck, den wir auf die Trauerkarte für unseren Vater gedruckt haben: ‚Ihr, die ihr mich so sehr geliebt habt, schaut nicht auf das Leben, welches ich beende, sondern auf das, welches ich beginne.‘"

Etwa ein halbes Jahr nach dem Tod des Vaters legt Bruder Timotheus die Zeitliche Profess ab, mit der er sich zunächst für drei Jahre an die Ordensgemeinschaft von St. Ottilien bindet. Zu dieser Zeit beginnt er, Theologie zu studieren. Im Frühjahr 2010, im Alter von 35 Jahren, folgt die Ewige Profess. Dabei geloben die Mönche auf ewig Gehorsam, Beständigkeit und klösterlichen Lebenswandel. Zwei Jahre später wird er zum Priester geweiht. Aus Bruder Timotheus wird Pater Timotheus.

Für ein gelungenes Zusammenleben ist es ihm wichtig, Zeit mit seinen Mitbrüdern zu verbringen. „Ich bin in der Klosterfeuerwehr aktiv, spiele Tuba in der Brüderblaskapelle, singe in der Schola, nehme an Bibelgesprächen und am klosterinternen Diskussionsforum teil und versuche, sooft es geht, die Rekreationszeit mit meinen Mitbrüdern zu verbringen. Das finde ich für das Gemeinschaftsgefühl sehr wichtig." Da die Mönche das Essen im Schweigen begleitet von einer Tischlesung einnehmen, ist die Rekreationszeit – eine Art gemütliches Beisammensein nach dem Abendessen – für den Austausch untereinander besonders wertvoll.

Als Pater Timotheus 2014 von Erzabt Wolfgang gefragt wird, ob er Prior – also Stellvertreter des Abts – werden möchte, benötigt er Bedenkzeit. „Ich habe ungefähr zwei Wochen darüber nachgedacht, ob ich diese verantwortungsvolle Aufgabe übernehmen möchte. Aber schlussendlich fiel mir kein objektiver Grund ein, abzulehnen, zumal mir der Erzabt das Amt ja offensichtlich zutraute. Also habe ich zugesagt." Seitdem hat sich das Arbeitspensum von Pater Timotheus deutlich erhöht. Neben seiner Tätigkeit als Lehrer am Gymnasium muss er an vielen Sitzungen in verschiedenen Gremien teilnehmen und ist in alle wesentlichen Entscheidungen, die den Wirtschaftsbetrieb des Klosters oder die Brüdergemeinschaft betreffen, involviert. Dabei ist es ihm wichtig, den Mitbrüdern genügend Raum für die persönliche Entfaltung zu lassen und dennoch im Blick zu behalten, dass das Zusammenleben als Gemeinschaft gut gelingt.

Auch ein gesundes Maß an Selbstfürsorge ist dabei erforderlich. „Ich fahre gerne Rad, gehe laufen und wandern. Dieser körperliche Ausgleich tut mir gut. In der schönen Natur rund um St. Ottilien kann ich Kraft tanken. Außerdem ist mir die Beziehung zu meiner Familie sehr wichtig. Da mein Heimatort nur etwa 100 Kilometer von St. Ottilien entfernt ist, können wir uns glücklicherweise verhältnismäßig oft sehen. Ich versuche zum Beispiel immer zu Geburtstagen meiner engsten Verwandten nach Hause zu fahren. Darüber hinaus habe ich sowohl innerhalb als auch außerhalb des Klosters ein paar wenige enge Freunde. Das Verhalten einiger Mitbrüder hat sich seit meiner Ernennung zum Prior allerdings schon verändert. Das ist ein Thema, das mich durchaus beschäftigt. Und natürlich gibt es auch ein Bedürfnis nach Nähe. Diese Nähe kann durch gute Gespräche oder eine liebevolle Umarmung entstehen. Den Zölibat in Vollendung zu leben, das ist ein lebenslanger

Prozess. In Freundschaften mit Frauen achte ich deshalb ganz bewusst darauf, dass nicht zu viel körperlicher Kontakt entsteht, der falsche Erwartungen wecken könnte. Das ist gleichzeitig auch ein Selbstschutz. Generell bin ich der Meinung, dass ein Leben dann am besten gelingt, wenn die drei Beziehungsebenen sich entfalten können: Die Beziehung zu Gott, zu den Mitmenschen und zu uns selbst sollte immer liebevoller und tiefer werden. So können wir reife Menschen und innerlich heil werden. Natürlich klappt das nicht immer gleich gut, aber wir können uns danach ausrichten. Im 1. Johannesbrief heißt es: ‚Gott ist die Liebe.' Nach dieser Liebe sollten auch wir Menschen streben, um dann schließlich bei Gott die Vollendung erfahren zu können."

Die zwei T – Teilchenphysik und Theologie – zusammenzubringen, ist für Pater Timotheus kein Problem. „Die Naturwissenschaftler fragen, wie etwas funktioniert, und arbeiten methodisch-atheistisch, weil sie sonst bei jedem Naturgesetz dazuschreiben müssten, dass es nur so lange gilt, als Gott nicht eingreift. Sie arbeiten unter der Prämisse ‚als ob es Gott nicht gäbe'. Aber nur weil sich naturwissenschaftliche Zusammenhänge so gut beschreiben lassen, heißt es für mich nicht, dass es keinen Gott gibt. Das ist meiner Ansicht nach eine Betrachtungsweise durch eine Brille mit Scheuklappen. Denn ethische und moralische Fragen lassen sich auf diese Weise nur schwer beantworten. Die Theologie hingegen fragt, warum etwas so ist, wie es ist, und was es für den einzelnen Menschen und die Gesellschaft bedeutet. Das ist ein ganz anderer Ansatz. Die Hypothese, dass Gott existiert, ist eine meiner metaphysischen Grundannahmen. Natürlich kann es sein, dass das nur frommes Wunschdenken ist. Mir persönlich erscheint es aber überzeugender, an einen liebenden Schöpfergott zu glauben, der mit uns in einer personalen Beziehung sein möchte und der unser aller Ziel ist, als die naturalistische Alternative anzunehmen, dass das Leben keinen Sinn braucht."

Gott sagt mir nicht,
wo der Hammer hängt

Schwester M. Ursula Hertewich,
Jg. 1975, Arenberger Dominikanerin, Koblenz

„Ich habe Gott nie so erfahren, dass er mir sagt,
wo der Hammer hängt. Von daher ist es das Anspruchsvollste,
herauszuhören, was wirklich vom Heiligen Geist kommt und was
nur meine eigene Lieblingsidee ist."

Wie mag es sein, wenn sich der Spross eines traditionsreichen Fami-
lienunternehmens plötzlich dafür entscheidet, mit der Tradition
zu brechen und ins Kloster zu gehen? Und wie passen Naturwis-
senschaften und Ordensleben zusammen? Diese Fragen stelle ich
mir, als ich von Schwester M. Ursula höre. Die lebenslustige Domi-
nikanerin stammt aus einer alteingesessenen Apothekerfamilie im
Saarland. Bereits 1896 gründet ihr Urgroßvater die Mathilden-Apo-
theke in Wadgassen. Seither wird das Unternehmen von Genera-
tion zu Generation weitergeführt. Zunächst sieht es so aus, als ob
auch Ursula in diese Fußstapfen tritt. Doch dann kommt alles ganz
anders …

„Ich habe Pharmazie studiert, weil ich für Bio und Chemie in der Schule nie viel tun musste. Außerdem war die Apotheke da, ich verstand mich gut mit meiner Familie und Apothekerin ist ein schöner Beruf für Frauen. Insofern war es für mich das Naheliegendste. Kurz habe ich auch mal darüber nachgedacht, Theologie zu studieren. Thematisch hätte mich das sehr interessiert. Aber die Berufsaussichten für Frauen in der katholischen Kirche haben mich abgeschreckt. Ich hatte keine Lust, nach dem Studium Pastoralreferentin zu werden und von einem Pfarrer oder Bischof abhängig zu sein."

Das Pharmazie-Studium fällt der im Dezember 1975 geborenen Ursula nicht besonders schwer. „Klar, es hat mich gefordert und war anstrengend, aber insgesamt habe ich es schnell durchgezogen." Bereits mit 23 Jahren ist sie approbierte Apothekerin. „Danach bin ich erst mal in ein Loch gefallen. Obwohl ich wusste, dass ich nicht dauerhaft an der Uni bleiben oder in die Forschung gehen wollte, fand ich es zu früh, gleich in die Familienapotheke einzusteigen." Da kommt ihr das Angebot eines Professors, Teil seines Arbeitskreises in pharmazeutischer Biologie zu werden, gerade recht. Ursula lacht. „Ehrlich gesagt war das der Arbeitskreis, den ich mir zuallerletzt ausgesucht hätte. Aber am Ende war es genau die richtige Fügung." Ursula beginnt ihr Promotionsstudium und forscht über Moose. „Wenn ich das erzähle, fragen die Leute oft, was Mose mit Pharmazie zu tun hat. Aber es waren Moose mit zwei ‚o'." Das wissenschaftliche Arbeiten liegt Ursula und bereitet ihr viel Freude. Trotzdem spürt sie immer wieder, dass die Naturwissenschaften allein sie nicht erfüllen.

„Ich bin ein gläubiger Mensch und war schon immer sehr aktiv in unserer Pfarrgemeinde. Nach der Erstkommunion wurde ich Messdienerin. Später habe ich Jugendgruppen geleitet, war Firmkatechetin und Lektorin im Gottesdienst. Mit 17 war ich zum ersten Mal in Taizé. Das war ein Quantensprung in meinem Leben. Es hat mich begeistert, plötzlich mit Jugendlichen aus aller Welt über Gott und meinen Glauben reden zu können. Und auch die Form zu beten war ganz anders als das, was ich bis dahin kannte. Das hat mich regelrecht entzündet. Zu Hause habe ich dann mit Freunden einen Gebetskreis gegründet, in dem wir Taizé-Lieder gesungen und zusammen gebetet haben. Außerdem habe ich zehn Jahre lang jede freie Minute genutzt, um wieder nach Taizé zu fahren – auch während des Studiums. Einmal habe ich vier Wochen dort gelebt. Da habe ich sehr nette Leute kennengelernt, mit denen ich bis heute befreundet bin. Gemeinsam sind wir zu den europäischen Jugendtreffen gefahren. Das hat meinen Horizont unglaublich erweitert und entsprach meinem Traum von lebendiger Kirche. Wenn ich ein Mann gewesen wäre, wäre ich damals vielleicht in Taizé eingetreten." Der Gedanke, auch als Frau ein Ordensleben in Betracht zu ziehen, kommt Ursula aber nicht.

„In meinem Arbeitskreis an der Uni habe ich mich sehr wohlgefühlt. Mein Forschungsgebiet war spannend und meine Kollegen waren klasse. Aber: Alle außer mir waren entweder Atheisten oder sehr kirchenkritisch eingestellt. Also habe ich erst mal eine Art Doppelleben geführt. Auf der einen Seite war ich die Coole und die Lustige und auf der anderen Seite bin ich jeden Tag in die Kirche gegangen und war nach wie vor sehr engagiert in unserer Pfarrgemeinde. Irgendwann beim Mittagessen haben meine Kollegen dann angefangen, über die Kirche zu lästern und über die Leute herzuziehen, die jeden Tag ‚in die Kirche rennen'. Da war das Maß voll." Die Kollegen staunen nicht schlecht, als Ursula ihnen sagt, dass sie auch „so eine" ist, die ihren Glauben ernst nimmt und aktiv lebt. „Die haben gedacht, dass ich sie veräpple."

Zum Beweis lädt Ursula ihre Kollegen zur Osternachtsfeier in ihre Gemeinde ein. „Dass sie dann sogar gekommen sind, hat mich sehr gefreut. Da ich damals Lektorin und Kommunionhelferin war, haben sie schnell gemerkt, dass ich die Wahrheit gesagt hatte. Danach haben sich die Gespräche in unserem Arbeitskreis verändert. Wir haben plötzlich über ganz andere Themen gesprochen. Es war eine sehr schöne Erfahrung für mich, dass ich diese beiden unterschiedlichen Welten miteinander in Berührung bringen konnte."

2001 – Ursula ist gerade 25 Jahre alt – kommt eine Austauschstudentin aus Neuseeland an die Uni, die zum selben Thema forscht. „Wir haben uns unterhalten und plötzlich hat sie mich gefragt, ob ich nicht Lust hätte, im Austausch für sie nach Neuseeland zu gehen." Die Idee begeistert Ursula sofort. „Ich habe mich schon als Kind für die Reisen von Captain Cook interessiert. Und Neuseeland war von klein auf das Land meiner Träume gewesen. Insofern hat sie bei mir offene Türen eingerannt." Der Professor hat nichts dagegen, dass seine Doktorandin ein halbes Jahr ins Ausland gehen will, und so macht Ursula Nägel mit Köpfen. „Ich habe ein Stipendium beantragt und Englisch gelernt – auf dem altsprachlichen Gymnasium hatte ich das nämlich nicht."

In Neuseeland erfährt Ursula zum ersten Mal in ihrem Leben, was es bedeutet, einsam zu sein. „Ich bin in einer intakten Familie mit zwei älteren Schwestern aufgewachsen. Unsere Kindheit war behütet, ich hatte immer viele Freunde um mich herum und ein ausgesprochen gutes Verhältnis zu meinen Eltern. In Neuseeland war ich dann zum ersten Mal in meinem Leben richtig allein. Ich hatte zwar eine Stelle an der Uni und konnte an meiner Doktorarbeit weiterarbeiten, aber sonst war da erst mal nicht viel. Das war eine richtige Wüstenerfahrung für mich."

Doch trotz der Einsamkeit fühlt sich Ursula nicht verlassen. „Ich habe eine ganz tiefe Beziehung zu Gott gespürt. Obwohl ich allein war, habe ich mich unglaublich geborgen gefühlt. Das war eine starke Erfahrung." In dieser Zeit merkt Ursula, dass für sie vielleicht auch ein anderer Lebensentwurf als eine eigene Familie infrage kommen könnte. Zurück in Deutschland schiebt sie ihre Gedanken aber erst mal wieder beiseite und widmet sich ganz ihrer Promotion.

„Kurz bevor ich meine Doktorarbeit abgegeben habe, wurde ich von unserem Heimatpfarrer auf ein Bier eingeladen. Und da hat er mich gefragt, ob es sein kann, dass ich mich für einen geistlichen Weg interessiere. Einerseits fand ich es beeindruckend, dass er meine Suche wahrgenommen hat, aber andererseits wäre ich in diesem Moment am liebsten davongelaufen. Ich hatte überhaupt keine Lust darauf, mich mit der Frage nach einer geistlichen Lebensform zu beschäftigen. Mein Leben war schön. Ich war eingebunden in die Familie, einen guten Freundeskreis und in die Pfarrgemeinde. Mein Beruf als Apothekerin machte mir Spaß und ich stand kurz vor der Promotion. Wieso sollte ich etwas Grundlegendes ändern? Gleichzeitig habe ich aber auch gespürt, dass ich mir selbst etwas vormache, wenn ich jetzt ‚nein‘ sage." Der Pfarrer gibt Ursula ein paar Adressen, damit sie sich darüber informieren kann, welche Formen geistlichen Lebens es gibt. „Das hat eine richtige Lawine in mir ausgelöst. Plötzlich hatte ich das Gefühl, dass ich mich doch mit der Frage nach meiner Lebensform auseinandersetzen muss."

Ursula nimmt Kontakt mit dem Bistum Trier auf, erhält Informationsmaterial und vereinbart schließlich einen Termin mit einem Priester in der Diözesanstelle Berufe der Kirche. „Als ich dort war, habe ich ihm erst einmal gesagt, dass ich mich zwar für geistliche Lebensformen interessiere, aber dass ich keinesfalls vorhätte, in ein Kloster einzutreten, und dass mich dieser Weg auch in keiner Weise interessiere. Er hat mir dann trotzdem vorgeschlagen, dass ich mal einen Tag nach Arenberg fahren solle. Das war das vierte Mal in dem Jahr, dass mir von diesem Kloster erzählt wurde. Das war schon merkwürdig. Er erzählte mir begeistert von den Schwestern und davon, dass er zusammen mit Schwester Scholastika eine Ausbildung zum geistlichen Begleiter gemacht habe. ‚Dort gibt es noch ein paar fitte Schwestern', sagte er – was dann schließlich doch meine Neugierde weckte."

Und so fährt Ursula im Januar 2003 zum ersten Mal nach Arenberg. „Ich war unglaublich aufgeregt, wusste aber gar nicht warum. Als ich losgefahren bin, hatte ich richtig Herzklopfen. Auf dem Klostergelände war damals eine riesige Baustelle und überall standen Durchfahrt-verboten-Schilder. Irgendwann habe ich gedacht: Wenn jetzt noch ein Schild kommt, drehe ich um und fahre wieder heim. Aber dann kam keins mehr und ich bin geblieben."

Der erste Kontakt mit den Schwestern verläuft positiv. „Schwester Scholastika hat mich in Empfang genommen. Sie ist ein wunderbarer, charismatischer Mensch. Ich hatte sofort das Gefühl, hier verstanden zu werden. Das hat mich sehr berührt. Die Schwestern haben froh auf mich gewirkt und ich habe auch gesehen, dass es hier richtige Powerfrauen gibt, die alle in ihrem Element sind. Die ganze Atmosphäre war sehr stimmig. Ich habe mich einfach spontan wohlgefühlt."

Zu Hause merkt Ursula, wie sehr sie in den letzten Monaten darauf fixiert war, einen Eintritt ins Kloster innerlich kategorisch abzulehnen. „Nach den positiven Erfahrungen in Arenberg musste ich mir erst mal erlauben, über einen möglichen Klostereintritt nachzudenken. Ich habe die ganze Zeit gedacht: Du hast doch einen Knall. Wieso willst du denn dein ganzes Leben hier wegschmeißen? Ich hatte heftige innere Konflikte, die mich verwirrten. Immer, wenn ich dachte, jetzt probiere ich es einfach aus, bekam ich Panik und ruderte zurück. Hinzu kam, dass meine Schwester in der Zeit ihr drittes Kind zur Welt gebracht hat. Sie ist auch Apothekerin und hatte darauf gehofft, dass ich zu Hause in unserer Apotheke bleibe und sie unterstütze." Bis 2005 hält dieser ambivalente Zustand an. In dieser Zeit verbringt Ursula immer häufiger ihre freien Tage in Arenberg.

„Schon als ich das erste Mal *Kloster auf Zeit* gemacht habe, habe ich gemerkt, dass die Schwestern meinen Traum vom Leben leben. Es gab viel Fröhlichkeit und eine lebensbejahende Grundstimmung. Davor hatte ich viele Vorurteile. Ich habe gedacht, man lebt im Kloster abgeschottet. Und ich habe mich gefragt: Wenn Jesus Mensch geworden ist und unter Menschen in der Welt lebte und wirkte, warum sollst du dich dann in seiner Nachfolge aus der Welt zurückziehen? Das war ein wichtiger Aspekt, der mich immer davon abgehalten hatte, auch nur über das Ordensleben nachzudenken.

In Arenberg habe ich dann gemerkt, dass die Schwestern intensiv mit den Menschen unterwegs und dem Leben zugewandt sind. Das hat mich begeistert – genauso wie die Intensität der Gottsuche. Ich habe gedacht: Ist das schön, das zum Lebensinhalt zu machen – zum existenziellen Lebensinhalt. Das war wie ein Gefühl von Verliebtsein. Es war sehr intensiv und sehr schön und trotzdem waren nach wie vor viele Ängste da. Weil ich auch wusste, dass ich etwas unendlich Wertvolles zurücklassen würde."

Den entscheidenden Anstoß, den Sprung ins Kloster doch zu wagen, bekommt Ursula auf einer Wallfahrt nach Lourdes. „Ich habe auf dem Weg zur Grotte mit einem alten Trierer Weihbischof geplaudert und er hat gesagt: ‚Wissen Sie was, machen Sie doch einfach mal ein Noviziat, das werden Sie nicht bereuen. Das ist eine tolle Sache und Sie werden spüren, ob es das Richtige für Sie ist oder nicht. Ein gutes Noviziat ist eine Erfahrung, die ich jedem gönnen würde.‘ Das war ein neuer Blickwinkel für mich. Ende 2005 habe ich dann probeweise zwei Monate in Arenberg mitgelebt. Als mir danach die Decke immer noch nicht auf den Kopf gefallen ist, hatte ich das Gefühl, dass ich den Schritt jetzt wagen muss. Im Juni 2006 bin ich schließlich eingetreten – ganz ohne Panik übrigens. Da war ich dreißig Jahre alt."

Ursulas Eltern sind schockiert, als sie vom Entschluss ihrer Tochter erfahren. „Mein Vater konnte nicht verstehen, was für mich im Kloster möglich sein sollte, was in der Pfarrei nicht möglich war. Und für meine Mutter war es schwierig, weil wir uns so gut verstehen und so eng miteinander verbunden waren. Vielleicht hatten meine Eltern auch Angst, mich zu verlieren. Das war für keinen von uns einfach."

Während des zweijährigen Noviziats gibt es nur spärlichen Kontakt nach außen und zur Familie. Die Novizinnen sollen die Zeit nutzen, um innerlich ganz im Kloster anzukommen. „Da sind meine Eltern auch einen guten Weg gegangen. Sie haben gemerkt, wie ich mich verändert habe, wie wertvoll die Ausbildung im Kloster war, wie die Impulse auf mich gewirkt haben und wie ich innerlich gewachsen bin. Meine Eltern haben gespürt, dass da ganz andere Facetten in mir lebendig werden, die aber auch kostbar sind. Das war für sie beeindruckend. Und auf der anderen Seite haben sie selbst im Laufe der Zeit die Gemeinschaft lieb gewonnen. Bei meiner Ewigen Profess hat mein Vater gesagt, das ist die netteste angeheiratete Verwandtschaft, die wir haben."

Heute, mehr als zehn Jahre nach ihrem Eintritt ins Kloster, merkt man deutlich, dass Schwester M. Ursula auf dem richtigen Weg ist. Sie strahlt Lebensfreude und eine tiefe innere Zufriedenheit aus. Dennoch nimmt sie kein Blatt vor den Mund, wenn man sie nach den Herausforderungen des Klosterlebens fragt: „Es ist unglaublich anspruchsvoll mit Menschen, die man sich nicht ausgesucht hat, in einer Gemeinschaft zusammenzuleben. Dadurch habe ich auch ganz viele Seiten meiner eigenen Persönlichkeit kennengelernt, von denen ich vorher nichts geahnt habe – und das waren nicht immer nur die schönsten. Es ist eine Herausforderung, darauf zu vertrauen, dass sich Gott auch durch die nervigste aller Mitschwestern offenbart und nicht nur durch die Stimmen, die ich gerne höre.

Ich habe Gott nie so erfahren, dass er mir sagt, wo der Hammer hängt. Von daher ist es das Anspruchsvollste, herauszuhören, was wirklich vom Heiligen Geist kommt und was gerade meine eigene

Lieblingsidee ist. Das gilt es zu unterscheiden. Mit dem Gehorsam steht und fällt alles. Aber eben nicht in dem Sinne, dass mir eine Oberin sagt, wie ich zu leben habe, sondern dass ich gut zu hören habe, wo der Weg hingehen soll – für mich persönlich und für uns als Gemeinschaft. Das finde ich sehr anspruchsvoll, aber das hält uns auch wach: Wir müssen immer wieder genau hinhören, was jetzt dran ist. Wo sind wir aufgerufen, noch mal neu zu starten? Wo sind wir auf einem guten Weg? Wofür lohnt es sich zu kämpfen? Und wo müssen wir lernen, mit einer Grenze umzugehen? Das ist manchmal anstrengend, aber auch schön und spannend.

Den materiellen Verzicht habe ich mir vor meinem Eintritt ins Kloster schwieriger vorgestellt. Ich konnte mir zum Beispiel nicht vorstellen, auf mein eigenes Auto zu verzichten. Aber das war am Ende gar kein Thema. Wir haben hier alles, was wir brauchen. Unsere Vorstellung von einem Leben in Armut ist ja auch nicht, dass wir auf etwas verzichten müssen, was wir brauchen. Es geht vielmehr darum, den Blickwinkel zu ändern und aus einer Haltung des Konsumierens in eine Haltung des Empfangens zu kommen. Die Frage, die jede von uns für sich klären muss, ist: Was dient mir wirklich zum Leben? Und das, was wirklich wichtig ist, kann ich sowieso nicht kaufen: gute Beziehungen, Freundschaften und letztendlich auch unser Glaube. Das sind Geschenke. Hier können wir zwar zum Gelingen beitragen, letztendlich haben wir es aber nicht in der Hand."

Im Moment gibt es in der Gemeinschaft ein Experiment, das auf maximal fünf Jahre angelegt ist. „Alle Schwestern unter 60 bekommen seit dem letzten Generalkapitel pro Monat einen bestimmten Betrag zur persönlichen Verwendung. Das klingt im ersten Moment vielleicht merkwürdig, aber uns ist aufgefallen, dass einige ältere Schwestern, die seit Jahrzehnten im Kloster leben, den Bezug zum Geld verloren haben. Wir sind der Meinung, dass der Realitätsbezug größer ist, wenn ich mit meinem Geld wirtschaften und abwägen muss, ob ich mir etwas leisten kann oder nicht. Von dem Geld, das wir bekommen, müssen wir außer Essen und Reisekosten alles bestreiten. Das heißt, dass man auch mal ein paar Monate sparen muss, wenn man etwas Teureres – wie ein neues Handy – kaufen will."

Die Zukunft sieht Schwester M. Ursula für die Schwestern der heiligen Katharina von Siena im Orden des heiligen Dominikus in Arenberg – so der offizielle Name der Gemeinschaft – nicht ganz so schwarz, wie es der allgemeine Tenor zur Ordenslandschaft in Deutschland ist. „Auch wir sind überaltert. Das Durchschnittsalter liegt momentan bei 81. Von 99 deutschen Schwestern sind nur acht Schwestern unter 70. Aber an der Noviziatsfront tut sich Erfreuliches: Es gibt gerade zwei Kandidatinnen, die mit dem Gedanken spielen, in unsere Gemeinschaft einzutreten. Das ist für mich als Noviziatsleiterin natürlich besonders schön. Auch wenn vielleicht nicht alle bleiben werden, ist es doch ein gutes Zeichen, dass unsere Lebensform auch Menschen von heute begeistern kann."

Mein Leben ganz
auf Jesus ausrichten

Schwester M. Serafina Adler, Jg. 1996,
Klarisse von der Ewigen Anbetung, Bautzen

„Ich habe mich für ein Leben mit Jesus entschieden.
Das ist es, was ich will."

Am Rande von Bautzen – mitten in der katholischen Diaspora –
liegt das Kloster St. Clara. Hier leben seit 1925 die Klarissen von der
Ewigen Anbetung zurückgezogen in strenger Klausur. Die wechsel-
hafte deutsche Geschichte vom Nationalsozialismus über den Zwei-
ten Weltkrieg und die DDR bis hin zur Wiedervereinigung übersteht
die Ordensgemeinschaft unbeschadet. Auch wenn die Zeiten nicht
immer einfach sind, halten die Schwestern über die Jahrzehnte an
ihrem Kloster fest. Als Mitglieder eines kontemplativen Ordens füh-
len sie sich zur Anbetung der heiligen Eucharistie berufen. Neben
den gemeinsamen Gebetszeiten ist das stille Gebet in der Klosterkir-
che fester Bestandteil ihres Tagesablaufs.

Als ich erfahre, dass die jüngste unter den sieben Ordensfrauen,
die derzeit in Bautzen leben, erst 23 Jahre alt ist, werde ich neugierig:

Warum fühlt sich eine junge Frau zu einem Leben in strenger Klausur hingezogen? Wie tief muss die Sehnsucht nach einem Leben für Gott sein, dass sie sich für diesen Schritt entscheidet? Während andere junge Leute in diesem Alter das Elternhaus verlassen, um mit dem Partner zusammenzuziehen, ihre berufliche Karriere planen oder durch die Welt reisen, legt Schwester Maria Serafina vom Kreuz im Sommer 2019 ihre Erstprofess ab. Damit bindet sie sich für die nächsten drei Jahre fest an die Gemeinschaft.

Geboren wird Schwester M. Serafina 1996 in Dresden. Als jüngstes von sechs Kindern wächst Johanna Klara – so ihr Taufname – in einem christlich geprägten Elternhaus im sächsischen Bannewitz auf. Obwohl der Anteil der katholischen Bevölkerung in Sachsen unter vier Prozent liegt, spielt der Glaube in der Familie eine große Rolle.

„Bei uns zu Hause wurde regelmäßig gemeinsam gebetet. Wir waren alle in der Pfarrei aktiv und lebten mit dem Kirchenjahr und seinen Festen. Außerdem war ich in einem katholischen Kindergarten. Und wir verbrachten mit der Familie unsere Ferien bei den Schönstattschwestern in Naundorf. So kam ich schon als Kleinkind zum ersten Mal mit Ordensschwestern in Kontakt." Die frühe Begegnung mit dem Ordensleben ist eine Erfahrung, die die kleine Johanna nachhaltig prägt. „Als ich sieben Jahre alt war, fragte meine Mutter einen meiner Brüder und mich, was wir einmal werden wollen, wenn wir groß sind. Mein Bruder wusste es nicht. Aber für mich war völlig klar: Ich werde Ordensschwester." Dass es die kleine Johanna wirklich ernst meint, ahnt damals vermutlich niemand.

„Ich habe schon immer eine tiefe Verbundenheit mit Jesus gespürt. Als ich ein Kind war, war er mein bester Freund. Wenn meine älteren Geschwister nicht mit mir spielen wollten, habe ich mit Jesus gespielt. Ich habe mich mit ihm unterhalten und mich ihm anvertraut. Er war immer für mich da. Wie ein Rettungsanker. Auf ihn konnte ich mich verlassen. In der zweiten Klasse habe ich auf rosa Diddl-Papier einen Liebesbrief an Jesus geschrieben – rückwärts, damit ihn kein anderer lesen konnte. Zugeklebt habe ich den Brief mit einem Kaugummi."

Mit neun Jahren lernt Johanna die Klarissen von der Ewigen Anbetung kennen. „Wir haben mit der Erstkommuniongruppe einen Ausflug nach Bautzen gemacht und das Kloster besucht. Damals habe ich mich hier sofort angesprochen gefühlt", erinnert sie sich an die erste Begegnung mit dem Kloster. Doch bis Johanna in den Orden eintreten darf, sollen noch einige Jahre vergehen.

Zunächst engagiert sie sich als Ministrantin in der heimischen Kirchengemeinde. „Meine älteren Brüder waren Messdiener. Und da war für mich natürlich auch klar, dass ich Ministrantin werde. Mit fast 14 kam ich dann wieder nach Bautzen. Eine Freundin hatte mich eingeladen, sie zum ‚Treffpunkt St. Clara' zu begleiten. Das ist ein Angebot der Schwestern für junge Frauen, die sich zu Berufungs- und Glaubensfragen austauschen wollen."

Mehrmals jährlich finden diese Treffen seit 2006 im Kloster St. Clara statt. Die jungen Frauen verbringen das Wochenende im Gästebereich des Klosters, nehmen an den Gebetszeiten der Schwestern teil und sprechen mit ihnen über alles, was sie bewegt – von der Frage nach der eigenen Berufung zum Ordensleben oder zu einer christlich gelebten Ehe über Erfahrungen mit der Kirche, bis dahin, was Frau-Sein beziehungsweise Mann-Sein bedeutet. Wichtig ist den Schwestern eine offene Atmosphäre, damit gute Gespräche mit den Teilnehmerinnen zustande kommen.

Johanna spürt nach diesem Besuch im Klarissen-Kloster die tiefe Sehnsucht, zu diesem Orden zu gehören, und bittet bald darauf die Äbtissin zum ersten Mal um Aufnahme in die Gemeinschaft. Aber für die Schwestern ist es unmöglich, eine 14-jährige Schülerin aufzunehmen, und so wird Johannas Bitte abgelehnt. Unter Tränen verlässt sie das Kloster. Doch sie bleibt den Klarissen eng verbunden und nimmt regelmäßig an den Wochenenden im Rahmen des Treffpunkts St. Clara teil.

Dass Johanna einen anderen Zugang zum Glauben hat als Gleichaltrige, wird ihr während der Firmvorbereitung bewusst: „Ich weiß noch, dass wir damals über die Dreifaltigkeit gesprochen haben. In meiner Firmgruppe gab es einige, die meinten, dass sie mit dem Heiligen Geist nichts anfangen können. Das fand ich befremdlich, denn ich spüre nicht nur Jesus sehr oft im Alltag, sondern auch den Heiligen Geist. Er ist ganz nah bei mir. Ich habe sein Wirken schon früh wahrgenommen. Andere Menschen denken vielleicht, dass sie Glück hatten oder dass irgendetwas Zufall war, und merken gar nicht, dass es der Heilige Geist war, der gewirkt hat."

Je häufiger Johanna im Klarissen-Kloster zu Gast ist, desto größer wird ihr Wunsch, endlich ganz dazuzugehören, und so fragt sie mit 16 Jahren zum zweiten Mal an, ob sie aufgenommen werden kann. Doch die Antwort ist dieselbe wie zwei Jahre zuvor: Solange sie schulpflichtig ist, ist es unmöglich, in den Orden einzutreten. Wieder fließen Tränen. Aber die Entscheidung der Äbtissin ist unumstößlich, denn das Kirchenrecht schreibt ein Mindestalter von 18 Jahren vor.

„Kurz vor dem Abitur geriet mein Leben dann ganz schön durcheinander: Ich hatte einen Freund. Tief in mir habe ich zwar die ganze Zeit gespürt, dass das nicht mein Weg ist, aber die Gefühle sagten mir doch, dass ich mich echt verliebt hatte. Das war natürlich eine schöne Erfahrung. Er liebte mich und wollte mich unbedingt heiraten. Aber für mich wurde auch klar: Entweder ich heirate oder ich lebe für Gott. Das war ein innerer Kampf und ich war immer wieder mal zu der einen, mal zu der anderen Seite hingezogen. Wenn ich geheiratet hätte, hätte ich Gott loslassen müssen – mit aller Konsequenz. Das konnte und wollte ich nicht. Für mich war das eine Entweder-oder-Entscheidung. Man kann schließlich nicht mit zwei Leuten verheiratet sein. Das hätte mich innerlich zerrissen." Es folgen lange und intensive Gespräche mit ihrem Freund, die nach einem halben Jahr schließlich zu einer endgültigen Trennung führen.

Nun wieder frei und das Abitur in der Tasche, klopft Johanna am 11. August 2015, dem Fest der heiligen Klara, zum dritten Mal bei den Klarissen an. Dieses Mal verspricht die Äbtissin Schwester M. Clara, sich mit den Mitschwestern über Johannas Aufnahmegesuch zu beraten – wie es in der Ordensregel vorgeschrieben ist. Schließlich kommt man überein, dass Johanna vor dem Eintritt noch bei ihren Eltern ausziehen und ein selbstständiges Leben führen soll. So entschließt sich die Abiturientin, nach Dresden zu gehen und Theologie zu studieren. „Dieser Schritt war gut und wichtig für mich, keine Frage. Aber es hat sich bestätigt, dass es wirklich nicht mein Weg war. Ich wusste, dass Gott mich bei den

Klarissen von der Ewigen Anbetung haben will und nicht beim Theologiestudium in Dresden." Und so nehmen die Schwestern Johanna ein halbes Jahr später endlich in ihre Gemeinschaft auf.

Damit ändert sich das Leben der jungen Frau grundlegend. Die Klarissen leben in strenger Klausur: Urlaubstage, Heimatbesuche, Treffen mit Freunden in einem Café oder größere Ausflüge gibt es für die Schwestern nicht. „Freitags verlassen wir unser Kloster und gehen eine Stunde zusammen in der Natur spazieren. Einmal pro Monat haben wir einen freien Tag. Da kann man auch mal eine größere Wanderung machen. Allerdings müssen wir zur Messe und zur Anbetung zurück sein." Bei diesen Wandertouren sind die Schwestern ausschließlich zu Fuß unterwegs. Das klostereigene Auto wird nur für Besorgungen, größere Transporte oder Fahrten zum Arzt genutzt. „Es ist umweltfreundlicher. Und es entspricht mehr unserer Lebensform, das Auto stehen zu lassen und auf den Bus zu verzichten."

Der Tagesablauf der Schwestern ist klar strukturiert: Ihr Tag beginnt um 5.45 Uhr mit der Aussetzung des Allerheiligsten und der stillen Betrachtung in der Klosterkirche. Im Anschluss beten sie gemeinsam die ersten beiden Stundengebete des Tages – Laudes und Terz. Um 7.30 Uhr feiern die Schwestern die Heilige Messe. Danach findet das gemeinsame Frühstück im Schweigen statt. Darauf folgt – zur Vertiefung der Heiligen Schrift – die Lesehore. „Zwischen neun und zwölf ist Arbeitszeit. Jede Schwester hat ihre Aufgaben. Ich bin dafür zuständig, die Gästezimmer in Ordnung zu halten, und kümmere mich um unseren Kräutergarten. Außerdem teilen wir die Hausarbeit unter uns auf. Manche dieser Aufgaben werden wochenweise vergeben, zum Beispiel der

Küchendienst. Wenn jede Woche eine andere Schwester kocht, schmeckt es immer wieder anders und wird nicht langweilig. Dann gibt es noch Sonderaufgaben wie das Fensterputzen im Frühjahr oder auch mal kleine Reparaturarbeiten, die wir selbst durchführen können."

Erwerbstätigkeiten im klassischen Sinne gehen die Schwestern nicht nach. Früher wurden im Kloster Hostien gebacken und verkauft und Paramente gefertigt. Das ist aber schon seit vielen Jahren nicht mehr möglich. Heute leben die Klarissen der Ewigen Anbetung in erster Linie von der göttlichen Vorsehung, das heißt von Sach- und Geldspenden. Von einem Bäcker und einem Lebensmittelhändler vor Ort bekommen sie Nahrungsmittel, die nicht mehr verkauft werden können. Darüber hinaus beziehen die älteren Schwestern Renten.

Um die laufenden Kosten wie Wasser, Strom, Krankenversicherungen und Ähnliches decken zu können, müssen dennoch neue Einnahmequellen erschlossen werden. Das ist beispielsweise der Verkauf verzierter Kerzen. Da die Schwestern die Klausur nicht verlassen und die Gebetszeiten eng getaktet sind, ist es schwer möglich, eigene Wirtschaftsbetriebe zu führen. Um 12 Uhr beten die Schwestern die Sext, danach folgt das Mittagessen, das werktags wie das Frühstück im Schweigen eingenommen wird. „Mittags hören wir die Nachrichten, damit wir wissen, was in der Welt passiert." Nach einer Pause bis 14 Uhr folgt ein weiteres Stundengebet, die Non. Bis zur Vesper um 17.30 Uhr gehen die Schwestern dann noch einmal ihren Arbeiten nach.

„Zusätzlich zu unseren gemeinsamen Gebetszeiten hält jede Schwester pro Tag eine Stunde stille Anbetung vor dem ausgesetzten

Allerheiligsten. Wir beten stellvertretend für die Menschen, die sonst nicht beten. Danksagung und Fürbitte sind Teil unserer Spiritualität." Bei der nächtlichen Anbetung, die einmal pro Woche stattfindet, werden die Schwestern von zwei Frauen aus der Gemeinde unterstützt. „Sieben Schwestern sind zu wenig, um die ganze Nacht durchbeten zu können. Es gibt einen genauen Plan, damit jede Betende weiß, wann sie dran ist. Meine Gebetszeit beginnt nachts um eins. Ich versuche, davor drei Stunden zu schlafen, und wenn ich kurz vor drei wieder ins Bett gehe, kann ich bis zum Morgengebet auch noch einmal drei Stunden schlafen. Das ist gut machbar. Die Einteilung der nächtlichen Anbetungszeit richtet sich nach den Schlafgewohnheiten der Schwestern. Der einen fällt es leichter, nachts länger wach zu bleiben, die andere hat kein Problem damit, frühmorgens aufzustehen. Das wird bei der Planung berücksichtigt."

Dem Wunsch der Schwestern nach Stille und Rückzug entsprechend, wurde die Klosterkirche L-förmig gebaut, sodass die Klarissen vor den Blicken der Gottesdienstbesucher geschützt sind. Der Altarraum befindet sich im Winkel des L – auf diese Weise haben sowohl die betenden Schwestern als auch die Gemeinde eine gute Sicht auf den Altar.

Zwischen Abend- und Nachtgebet treffen sich die Schwestern zur gemeinsamen Rekreation. Hier ist Gelegenheit zum Gespräch, für Gesellschaftsspiele oder Handarbeiten. Manchmal sehen sie auch zusammen einen Film an. Je nachdem, wonach ihnen der Sinn steht. „Einmal pro Woche haben wir am Abend Singstunde. Dann üben wir entweder neue Lieder für die Liturgie oder Lieder, die wir sehr selten singen, weil sie nur zu besonderen Anlässen im Kirchenjahr relevant sind. Oder wir singen einfach, um unsere Stimmen zu üben."

Die restliche Zeit bis zum Schlafengehen verbringen die Schwestern auf ihren Zellen. „Mein Zimmer ist etwa zwölf Quadratmeter groß. Darin befinden sich ein Bett, ein Schrank, ein Schreibtisch und ein Stuhl und ein paar Bücher, die ich von zu Hause mitgebracht habe. Außerdem viele Bücher aus unserer Klosterbibliothek. Radio, Fernseher, Laptop oder Telefon habe ich nicht. Das war am Anfang wirklich schwierig. Vor meinem Eintritt ins Kloster habe ich immer und überall Musik gehört. Die Stille auf meiner Zelle – das war eine große Umstellung für mich. Ganz besonders wichtig ist mir das Kruzifix, das an meiner Wand hängt und vor dem ich bete. Ich bastle gern, deshalb habe ich es mir ausgesucht und selbst restauriert. Ich habe den Corpus neu bemalt. Die Füße waren ganz kaputt, die habe ich erneuert. Außerdem gibt es in meinem Zimmer eine Pinnwand mit Sprüchen, die mir etwas bedeuten und die mich begleiten. Und dann noch ein paar Kleiderhaken an der Wand, die ich für meinen Schleier benutze."

Den Schleier erhält Johanna zusammen mit ihrem Ordensgewand und dem Ordensnamen nach Beendigung des einjährigen Postulats mit Beginn des Noviziats. Im Rahmen der feierlichen Einkleidung in der Klosterkirche werden Johanna die Ordenstracht angelegt und – nach der Ordensregel der heiligen Klara – die langen Haare abgeschnitten. Von nun an spielen äußerliche Schönheitsmerkmale im Leben der jungen Frau keine große Rolle mehr. „Jesus ist mein Bräutigam. Und der achtet nicht auf Äußerlichkeiten. Er sieht mir direkt ins Herz."

Den Namen Maria Serafina vom Kreuz hat Johanna selbst gewählt: „Die einzige Bedingung bei der Auswahl des Namens war, dass er in der Gemeinschaft noch nicht vorkommt. Durch Erzählungen meiner Mitschwestern über eine bereits verstorbene Schwester Seraphina ist mir der Name ins Herz gefallen. Außerdem ist mir wichtig geworden, dass der heilige Franziskus der Überlieferung nach seine Wundmale von einem gekreuzigten Seraphen empfing."

Das einjährige Postulat und das zweijährige Noviziat dienen der jungen Frau zur Eingewöhnung und Ausbildung. Während dieser Zeit prüfen beide Seiten – die Kandidatin selbst und die Schwestern –, ob ein Zusammenleben mit der Gemeinschaft dauerhaft möglich und das Ordensleben langfristig die richtige Lebensform ist. Um das herausfinden zu können, unterliegen auch Postulantinnen und Novizinnen – ohne die Versprechen selbst abgelegt zu haben – den Gelübden. Das heißt: Gehorsam, Keuschheit und Armut.

„Von den drei Gelübden hat mich die Armut am meisten angezogen. Dabei heißt Armut nicht nur, auf Materielles zu verzichten. Es bedeutet auch, auf meine Gefühle zu achten: Wenn ich mich ärgere oder enttäuscht bin, versuche ich dieses Gefühl schnell wieder loszulassen. Ich will mich nicht daran festbeißen. Das gelingt mir leider nicht immer. Was Geschenke betrifft, haben wir hier eine klare Regel: Sie dürfen angenommen werden, müssen dann aber in der Klausur auf den Geschenketisch gelegt werden, damit alle sie sehen können. Es soll nichts vor der Gemeinschaft verheimlicht werden. Dabei geht es nicht um Kontrolle, sondern um Ehrlichkeit. Gemeinsam mit Schwester M. Clara, der Äbtissin, wird dann entschieden, was man selbst behält und was der Gemeinschaft zugutekommen soll. Sonntags gibt es immer einen Sonntagsteller mit den Süßigkeiten, die wir geschenkt bekommen haben.

Die größere Herausforderung stellen für mich persönlich Keuschheit und Gehorsam dar. Dabei beziehe ich Keuschheit nicht nur auf ein Leben ohne Mann. Es bedeutet auch, darauf zu achten, mich nicht in Dingen zu verlieren und mich nicht ablenken zu lassen. Ich möchte ein ausschließlich auf Jesus ausgerichtetes Leben führen. Das erfordert ein hohes Maß an Selbstdisziplin.

Der Gehorsam findet für mich auf drei Ebenen statt: Zunächst einmal richten wir uns am Evangelium aus. Das bedeutet, dass ich bei allem, was ich mache, prüfe, ob es Gottes Wille ist. Wenn ich die Wahl zwischen zwei Aufgaben habe, entscheide ich nicht nach dem Lustprinzip, womit ich beginne, sondern versuche zu erforschen, was Gott von mir erwartet. Selbstverständlich sind wir auch gegenüber der Äbtissin zum Gehorsam verpflichtet. Aber das ist nicht blinder Gehorsam, sondern ein gemeinsames Hören auf den Willen Gottes. Und schließlich gibt es noch den Gehorsam untereinander. In und durch eine Mitschwester kann mir Gott begegnen und mir etwas sagen wollen. Eine Gemeinschaft funktioniert nur, wenn wir achtsam miteinander umgehen und uns selbst zurücknehmen."

Das Zusammenleben auf engstem Raum über drei Generationen hinweg und mit Schwestern aus verschiedenen Kulturkreisen erfordert bisweilen eine hohe Toleranzfähigkeit. „Als ich vor drei Jahren hier eingetreten bin, hat das unseren Altersdurchschnitt auf 48 gesenkt. Meine nächstältere Mitschwester ist elf Jahre älter als ich. Unsere Seniorin ist 80. Die anderen Schwestern liegen dazwischen. In unserer Gemeinschaft haben wir zwei Inderinnen und eine Schwester aus Tschechien. Da gibt es sowohl altersbedingt als auch aufgrund des kulturellen Hintergrunds verschiedene Sichtweisen auf Alltagsfragen. In solchen Fällen darf man nicht auf seiner Meinung beharren. Man muss lernen, anzunehmen, dass die Schwestern andere Vorstellungen haben."

Wie immer im Leben wird die Anfangseuphorie, die Schwester M. Serafina nach dem Eintritt in den Orden spürt, irgendwann von Alltäglichem überschattet: „Nachdem die anfängliche Freude verflogen war, spürte ich, wie wichtig es ist, dranzubleiben und Treue zu üben. Das ist nicht immer einfach. Ich hatte auch schon das Gefühl, dass mir hier die Decke auf den Kopf fällt oder dass ich unbedingt mal wieder ein paar Stunden Zug fahren möchte. Aber das geht nicht. Ich habe mich für ein Leben mit Jesus entschieden. Das ist es, was ich will. Und auch wenn ich seine Nähe nicht immer spüren kann, weiß ich, dass er da ist. Als Ehefrau erlebt man solche Phasen in der Beziehung sicher auch und kann dann auch nicht einfach gehen. Insgesamt fühle ich mich hier sehr wohl. Das geregelte Leben bekommt mir gut. Das größte Geschenk ist, beten zu können. Vor meinem Eintritt war ich nicht so energiegeladen. Jetzt ist viel aufgebrochen und viel mehr neues Leben in mir. Die Lebensform ist so, dass ich einen guten Ausgleich zwischen Gebet und Arbeit habe. Das spüre ich deutlich."

Kontakt zu ihrer Familie und ihren Freunden außerhalb des Klosters hält Schwester M. Serafina über Briefe und E-Mails. „Wir haben hier im Kloster zwei Laptops, die wir gemeinschaftlich nutzen. Sie stehen in einem Extraraum und sind grundsätzlich für alle zugänglich. Allerdings stehen sie nicht unbegrenzt zur Verfügung. Wenn man Mails schreiben will, muss man kurz Bescheid geben, dass man einen der Laptops nutzen möchte."

Ein paar Mal im Jahr bekommt Schwester M. Serafina auch Besuch von ihrer Familie und von Freunden. „Wenn ich Gäste habe, sitzen wir im Sprechzimmer." Gespräche können in diesem Zimmer nur über einen Tisch hinweg geführt werden, weil der Schwesternbereich vom Besucherbereich abgetrennt ist. „In Ausnahmefällen gehe ich mit Besuchern auch mal raus in den öffentlich zugänglichen Teil unseres Gartens, zum Beispiel, wenn jemand unsere San-Damiano-Grotte noch nicht kennt."

Die San-Damiano-Grotte ist ein Ort des Verweilens und der Betrachtung. Das Kreuz, das ihren Mittelpunkt bildet, wurde von einer österreichischen Ikonenmalerin gestaltet.

„Unser Orden geht auf den heiligen Franziskus und die heilige Klara zurück. Und diese beiden haben im 13. Jahrhundert vor dem Kreuz in San Damiano gebetet. Das war das Vorbild für unsere Kreuzikone." Ebenfalls nach dem Vorbild des heiligen Franziskus haben die Schwestern Steine für ihre Grotte von Besuchern und Freunden des Klosters erbeten. „Franziskus hat die Kirche in San Damiano mit erbettelten Steinen wiederaufgebaut. Deshalb wollten auch wir für unsere Grotte keine Steine aus dem Baumarkt verwenden." Menschen verschiedener Nationen und Konfessionen haben inzwischen Steine aus mehr als 60 Ländern nach Bautzen gebracht; diese Steine machen die kleine Grotte im Klostergarten so zu einem Symbol des Friedens und der Völkerverständigung. Für Schwester M. Serafina ist das eine besondere Freude: „Auf diese Weise sind wir mit der ganzen Welt verbunden."

Nicht leicht, aber wunderschön

Pater Isaak Maria Käfferlein, Jg. 1993,
Zisterzienser, Neuzelle

„Wenn ich sagen würde, es ist leicht, ins Kloster einzutreten,
würde ich lügen. Es ist wunderschön,
aber es ist auch eine große Herausforderung."

Auf meiner Fahrt durch die kleine Ortschaft Neuzelle in Branden-
burg habe ich das Gefühl, einige Jahrzehnte in der deutsch-deut-
schen Geschichte zurückversetzt worden zu sein. Die Straßen, die
Häuser, die Werbetafeln an den Fassaden der Geschäfte – vieles
wirkt, als wäre die Zeit stehen geblieben. Umso überraschter bin ich
deshalb, als ich auf einmal die imposante Klosteranlage entdecke,
die in strahlendem Gelb vor mir erscheint. Das Barockensemble,
das süddeutscher Bau- und Stuckateurskunst in nichts nachsteht,
ist wunderschön renoviert und mit seinem umfassenden Kulturpro-
gramm ein Anziehungspunkt für Besucher aus nah und fern. Die
750 Jahre alte Klosteranlage gilt als eine der wenigen vollständig er-
haltenen in Europa.

Seit September 2018 leben auch wieder Mönche auf dem Gelände.
Sie kommen aus dem österreichischen Kloster Heiligenkreuz im

Wienerwald und haben in Neuzelle ein Priorat gegründet. Einer der Gründungsmönche ist der 26-jährige Pater Isaak Maria. Mit ihm habe ich mich zum Gespräch verabredet. Das Wetter ist schön und wir sitzen im Garten.

1993 erblickt Pater Isaak Maria als erster Sohn eines Berufschullehrers und einer Erzieherin das Licht der Welt. Er wird auf den Namen Philipp getauft. Die Familie lebt im 300-Seelendorf Freienfels in der Nähe von Bayreuth. Dort verbringt Philipp zusammen mit seinem zwei Jahre jüngeren Bruder eine glückliche Kindheit. Die Mutter legt Wert auf eine christliche Erziehung. Der Besuch des Sonntagsgottesdiensts ist für die ganze Familie selbstverständlich. „Da gab es keine Diskussion. Für meinen Bruder und mich war deshalb auch klar, dass wir nach der Erstkommunion Ministranten werden." Der Vater ist zwar auch praktizierender Katholik, tief gläubig ist er zu dieser Zeit aber nicht. Das ändert sich erst, als er durch eine schwere Krankheit in eine Lebenskrise gerät und schließlich Halt im Glauben findet.

Philipp ist ein guter Schüler. Auch wenn er von sich selbst sagt, er sei „stinkfaul" gewesen, wechselt er nach der Grundschule auf das Gymnasium Fränkische Schweiz in Ebermannstadt. „Als ich etwa 15 Jahre alt war, nahm unser Vater an Exerzitien bei Schwester Margaritha Valappila teil, einer indischen Charismatikerin. Danach war er wie verwandelt: Zum ersten Mal in seinem Leben hatte er eine persönlich Christus-Erfahrung." Die Begeisterung hält an und der Vater empfiehlt Philipp, ebenfalls Exerzitien zu machen.

„Ich fand das völlig uncool und hatte überhaupt keine Lust darauf. Um die Diskussion zu beenden, bot ich meinem Vater einen

Deal an: Ich würde an den Exerzitien teilnehmen, wenn ich von ihm dafür 250 Euro bekäme. Da Pädagogen bekanntlich unbestechlich sind, war ich mir sicher, dass er sich darauf niemals einlassen würde."

Doch weit gefehlt. Der Vater akzeptiert Philipps Vorschlag. „Nun kam ich aus der Nummer nicht mehr raus. Widerwillig fuhr ich also nach Bad Soden zu Schwester Margaritha Valappila." Als Philipp die indische Schwester kennenlernt, ist er begeistert von ihrer erfrischenden Art und kann seinen Vater verstehen. „Obwohl ich zusammen mit anderen Jugendlichen, die auch dort waren, viel Blödsinn gemacht habe, hat der Aufenthalt in Bad Soden nachhaltig in mir gewirkt. Ich bin mit der sicheren Erkenntnis nach Hause gefahren, dass es Gott wirklich gibt und dass er die Menschen liebt."

Mit seinen Freunden spricht Philipp nicht über die Exerzitien. Ihnen erzählt er, er sei in Frankfurt gewesen. „Ich halte es für eines der größten Probleme unserer Gesellschaft, dass wir nicht offen über unseren Glauben sprechen können. Das ist in anderen Kulturkreisen nicht so. Bei uns gelten Glaubensthemen als Privatsache. Vielen Menschen ist es sehr unangenehm, wenn man sie darauf anspricht." Nach außen ist Philipp ein cooler Teenager: Er spielt Fußball, hat eine Freundin, trainiert im Fitness-Studio und feiert mit seinen Kumpels Partys. In seinem Inneren aber beschäftigen ihn tiefgehende philosophisch-theologische Fragen. „Ich habe mich damals oft gefragt: Was ist der Sinn des Lebens? Was will Gott von mir? Vor allem, wenn es mir schlecht ging, haben mich solche Fragen umgetrieben."

Nach sechs Monaten trennen sich Philipp und seine Freundin. „Aus heutiger Sicht muss ich sagen, dass ich viel zu jung für eine

Beziehung war. Erst wenn man mit sich selbst im Reinen ist, kann eine Partnerschaft funktionieren. Wenn ich mit Jugendlichen über das Thema Sexualität spreche, erkläre ich ihnen immer, was mit dem Wort ‚Liebe' im christlichen Sinne gemeint ist. Wenn zwei unreife Menschen eine Beziehung eingehen, besteht die Gefahr, dass tiefe, seelische Verletzungen zurückbleiben. Das kann sich negativ auf spätere Partnerschaften auswirken."

Nach dem Abitur will Philipp ein freiwilliges soziales Jahr im Ausland absolvieren. „Ich habe mir mit den Bewerbungsunterlagen allerdings so wenig Mühe gegeben, dass ich keinen Platz bekommen habe. Über einen persönlichen Kontakt zu Salesianern bestand dann aber doch noch die Möglichkeit, für ein paar Monate nach Sri Lanka zu gehen, um dort an einem Schulprojekt mitzuarbeiten."

Aber zunächst steht die Abschlussfahrt an, auf der es die Abiturienten noch einmal richtig krachen lassen. „Es ging ziemlich hoch her, und als ich wieder zu Hause war, hatte ich das Gefühl zur Beichte gehen zu müssen." Philipp besucht einen Barmherzigkeitsabend bei der Gemeinschaft Brüder Samariter und erleichtert dort bei einem jungen Weltpriester sein Gewissen. „Gegen Ende des Gesprächs hat er mich gefragt, was ich eigentlich studieren will. Das hatte ich zu diesem Zeitpunkt noch gar nicht entschieden. Mehrere Fächer kamen infrage: Psychologie, Maschinenbau oder Philosophie/Theologie. Als ich das sagte, empfahl er mir die Philosophisch-Theologische Hochschule im Zisterzienserkloster Stift Heiligenkreuz. Auf diese Idee wäre ich von selbst nicht gekommen. Ich dachte eigentlich eher an ein Studium in Bamberg oder Würzburg." Philipp nimmt sich den Rat des Priesters zu

Herzen und fährt nach Österreich, um sich die Hochschule anzusehen. „Pater Karl, damals Rektor der Hochschule, empfing mich freundlich, führte mich herum, beantwortete meine Fragen und schließlich schrieb ich mich noch an Ort und Stelle für das Studium ein."

Doch bevor Philipp mit dem Studium beginnt, reist er für ein halbes Jahr nach Sri Lanka. „Das war eine prägende Zeit. Die Schule, in der ich für die Betreuung von Jugendlichen zuständig war, lag am Rande des ehemaligen Bürgerkriegsgebietes. Die Menschen dort waren arm. Aber trotzdem waren sie viel fröhlicher als die Menschen in Deutschland.

Auch mir ging es so: Ich hatte das Abitur in der Tasche, hatte den Auto- und den Motorradführerschein, konnte nach Sri Lanka reisen, hatte einen sicheren Studienplatz und trotzdem fehlte mir etwas. Immer wieder stellte ich mir die Frage, was der Sinn meines Lebens ist. Einmal, als es ganz besonders schlimm war, habe ich Gott regelrecht angeschrien: Was willst du eigentlich von mir? Die Antwort fand ich in der Bibel. Ich schlug sie auf und las Psalm 4, Vers 8. Da heißt es: ‚Du legst mir größere Freude ins Herz, als andere haben bei Korn und Wein in Fülle.‘ Das war eine klare Ansage und gleichzeitig eine ganz schwierige Erfahrung für mich. Einerseits habe ich gespürt, dass Gott mich zum Priestertum ruft, andererseits hatte ich das Gefühl, dass bereits eine Vorentscheidung getroffen war, die ich selbst nicht mehr beeinflussen konnte.

Immer wieder stellte ich mir die Frage: Wer ist eigentlich der Herr im Haus? Wer trifft hier die Entscheidungen? Ich selbst oder Gott? Diese Frage begleitet mich bis heute. Es gibt immer wieder Situationen, in denen ich mich frage, ob es gerade darum geht, meinen eigenen Willen durchzusetzen, oder ob ich nach Gottes Willen handle. Aber Berufung heißt auch, dass ich weiß, dass Gott uns hilft, das Beste für uns zu erkennen."

Als Philipp aus Sri Lanka zurückkommt, ist er nicht sicher, ob er wirklich mit dem Studium in Heiligenkreuz beginnen soll. Aber da er schon eingeschrieben ist, bestehen die Eltern darauf, dass er seiner Verpflichtung nachkommt.

„Eigentlich hatte ich mit Pater Karl vereinbart, dass ich ein Zimmer im Gästehaus der Karmelitinnen in Mayerling beziehen würde. Als ich dort ankam, war das Zimmer aber nicht frei. Der Student, der es vor mit bewohnt hatte, war krank und konnte nicht rechtzeitig ausziehen." Pater Karl schlägt vor, dass Philipp *Kloster auf Zeit* machen und drei Wochen mit den Mönchen im Konvent leben soll. „Natürlich nahm ich den Vorschlag an. Ich wollte ja mit dem Studium beginnen und hatte keine andere Unterkunft. Allerdings hatte ich überhaupt keine Ahnung vom Klosterleben. Einige Mitbrüder lachen noch heute, weil ich damals kurz vor sechs zum Joggen gehen wollte, obwohl um 18 Uhr die Vesper beginnt. Als ich darauf aufmerksam gemacht wurde, sagte ich auch noch, dass mir das nichts ausmache und dass ich zum Abendessen zurück sei. Das war natürlich ein Unding!"

Auch sonst kann Philipp dem Klosterleben zunächst nicht viel abgewinnen. „In der Schule war ich froh, als ich Latein endlich abwählen konnte. In Heiligenkreuz spielt Latein aber eine große Rolle. Außerdem bin ich ein Nachtmensch. Das frühe Aufstehen – die Vigilien beginnen bereits um 5.15 Uhr – war sehr schwierig für mich. Hinzu kommt, dass ich kein guter Sänger bin. Das ist in einem Kloster, in dem täglich gregorianische Choräle gesungen werden, auch nicht ideal. Mir war schnell klar, dass ein Leben als Mönch keine Option für mich ist."

Doch obwohl so viele Argumente gegen den Eintritt ins Kloster sprechen, spürt Philipp tief in seinem Herzen eine unerklärliche Sehnsucht. „Jedes Mal, wenn ich mich in die Kapelle gesetzt habe, vernahm ich eine innere Stimme, die gesagt hat: ‚Das ist dein Ort!‘ Ich hatte diese ganz tiefe Sehnsucht in mir. Aber als das Zimmer in Mayerling frei wurde, bin ich trotzdem erst mal umgezogen."

Mit 14 Kommilitonen bewohnt Philipp das Gästehaus der Karmelitinnen. „Es waren ideale Studienbedingungen. Das Gästehaus war ein geschützter Raum, in dem die Berufung wirklich wachsen konnte. Es hat gutgetan, sich mit Gleichgesinnten auszutauschen und sich auf das Wesentliche zu konzentrieren. Nach einiger Zeit haben wir dann auch angefangen, gemeinsam am Morgen die Laudes zu beten oder uns zum Mittagsgebet zu treffen. So haben wir uns langsam mit dem Stundengebet vertraut gemacht. Im Haus wurde außerdem jeden Tag die Heilige Messe gefeiert. Irgendwann stellten wir uns dann alle dieselbe Frage: Wohin soll mein Weg gehen?" Etwa die Hälfte entscheidet sich schließlich für ein Leben als Weltpriester oder Mönch, der Rest ergreift andere Berufe. Zwei heiraten und gründen Familien.

„Ich hatte eine tiefe Sehnsucht danach, Mönch zu werden. Hinzu kam, dass ich viele kleine Zeichen erhielt, die mir zeigten, dass ich auf dem richtigen Weg war. Einmal, als ich bei den Mönchen im Kloster war, habe ich ein Stoßgebet gesprochen. Ich habe gesagt: ‚Gott, ich geh jetzt kurz raus. Wenn ich wiederkomme und der Abt ist im Raum, dann spreche ich ihn an.‘ Als ich zurückkam, war er tatsächlich da. Also habe ich ihn angesprochen."

Im Januar 2014 tritt Philipp schließlich bei den Zisterziensern in Heiligenkreuz ein. Im August desselben Jahres beginnt das Noviziat. Philipp erhält das schwarz-weiße Ordensgewand und den Namen Frater Isaak Maria. „Wir haben zu sechst mit dem Noviziat begonnen und alle haben sich für den zweiten Ordensnamen Maria entschieden. Als Erstnamen habe ich Isaak, Samuel und Thomas auf meine Wunschliste geschrieben. Dass es Isaak geworden ist, hat mich sehr gefreut. Meinen Eltern hätte Samuel besser gefallen."

Ein Jahr dauert das Noviziat, danach legen Frater Isaak Maria und seine Mitbrüder die Zeitliche Profess ab. Damit binden sie sich für weitere drei Jahre an die Zisterzienser-Gemeinschaft von Heiligenkreuz, der rund 100 Mönche angehören. Gegründet wurde das Kloster bereits im Jahr 1133. Es ist weltweit das einzige Zisterzienserkloster, das seit seiner Gründung ohne Unterbrechung besteht. „Man spürt dort eine besondere Energie und merkt, dass seit fast 900 Jahren mehrmals täglich gebetet wird."

Im Herbst 2018 beginnt für Frater Isaak Maria ein neuer Lebensabschnitt: Kurz nachdem er zusammen mit vier Mitbrüdern die Ewigen Gelübde abgelegt hat, packt er in Heiligenkreuz seine Koffer und verlässt das Kloster. Doch der Grund ist durchweg positiv: Zusammen mit fünf Mitbrüdern zieht er nach Neuzelle in Brandenburg, um auf einem früheren Klostergelände ein Zisterzienserpriorat zu gründen. Die historische Anlage, an deren Widerherstellung seit 1996 gearbeitet wird, ist Eigentum der Staatlichen Stiftung Stift Neuzelle und gilt als Barockwunder Brandenburgs. Da sich im ehemaligen Wohntrakt des Klosters heute eine Schule befindet, beziehen die sechs Mönche aus Heiligenkreuz das Pfarrhaus, das sich ebenfalls auf dem Gelände befindet.

„Die Wohnsituation ist sehr schwierig für uns. Wir leben hier in einer Wohngemeinschaft. Das entspricht nicht den Anforderungen an eine klösterliche Lebensweise. Wir planen deshalb einen Neubau und sind im Moment auf der Suche nach einem passenden Grundstück."

Das einzige Gebäude, das die Mönche in der ursprünglich zugedachten Weise nutzen können, ist die überaus prunkvolle Klosterkirche. Dort feiern sie ihre Stundengebete und Gottesdienste. „Wir beginnen um 5 Uhr mit den Vigilien. Im Anschluss beten wir die Laudes und feiern die Heilige Messe. Um 8.15 Uhr folgt die Terz, um 12 Uhr die Sext, um 13.15 Uhr die Non, um 18 Uhr die Vesper und um 19.45 Uhr die Komplet. Insgesamt beten wir etwa dreieinhalb Stunden an Werktagen und vier Stunden am Sonntag. Hinzu kommen noch die persönliche Betrachtungs- und Gebetszeit sowie die Lectio Divina, die geistliche Lesung."

Obwohl der Tag damit schon gut gefüllt ist, gehen die Mönche darüber hinaus auch noch anderen Aufgaben nach. „Da wir benediktinischen Ursprungs sind, gehört das Arbeiten fest zu unserem Tagesablauf. Ich bin im Bereich der Jugendseelsorge tätig. Ich kümmere mich um Jugendgruppen, die hierherkommen, und habe die Jugendvigil, eine Art Lobpreisabend für junge Leute, ins Leben gerufen. Außerdem gebe ich Religionsunterricht, der hier in Brandenburg auf freiwilliger Basis stattfindet. Hinzu kommen natürlich noch diverse andere Tätigkeiten, die wir zu erledigen haben, wie beispielsweise Büro- und Verwaltungsaufgaben."

Auch wenn das Leben als Mönch in der Diaspora nicht immer einfach ist, fühlt sich Isaak Maria, der im Frühjahr 2019 die Priesterweihe erhalten hat und nun Pater ist, in Neuzelle wohl.

„Landschaftlich ist es hier sehr schön, auch wenn mir manchmal die Berge fehlen. Mit dem Fahrrad kann man wunderbar an der Oder entlangradeln und einfach mal die Seele baumeln lassen. Die Menschen, die hierherkommen, stellen viele Fragen. Oftmals sind wir auch kritischen Äußerungen oder geistlichen Angriffen ausgesetzt, das kann sehr anstrengend sein. Auf der anderen Seite erlebe ich im Religionsunterricht, wie sich die Kinder für Gott begeistern. Das ist sehr beflügelnd." Auch wenn Pater Isaak Maria bisweilen zweifelt, ob es richtig war, ins Kloster einzutreten, spürt er doch immer wieder deutlich seine Berufung.

„Zu einer Berufung gehören drei Erfahrungen: Die erste ist, dass es Gott gibt. Die zweite, dass er uns mehr liebt, als wir uns selbst lieben. Und die dritte, dass er uns besser kennt, als wir uns selbst kennen. Das sind die drei Grunderfahrungen, die jeder, der berufen ist, in irgendeiner Weise macht. Insofern kann ich darauf vertrauen, dass es richtig war, den Weg zu gehen, auf den er mich geführt hat.

Natürlich gibt es auch Krisensituationen. Dann ist es wichtig, sich auf die vielen Kleinigkeiten zu besinnen, die letztendlich dazu geführt haben, dass man ins Kloster eingetreten ist. Die Vielzahl dieser kleinen Mosaikstücke gibt mir die Gewissheit, dass ich meine Entscheidung getroffen habe, weil Gott es so wollte. Gottes Wille war die Basis.

Ich knabbere täglich daran, keine Familie haben zu können. Das ist eine offene Wunde. Aber das tut meiner Freude, hier zu sein, keinen Abbruch. Ich darf hier so viele wunderbare Dinge erfahren, das erfüllt mich auf andere Weise. Allein, dass wir die Möglichkeit bekommen haben, hier in Neuzelle ein Kloster zu gründen, erfüllt mich mit großer Freude. Wenn ich ehrlich vergleiche, was ich hier habe und was ich in einer Familie hätte, bin ich unendlich dankbar für die Fülle, mit der ich hier beschenkt werde. Mein Ziel ist es, für die Menschen ein geistiger Vater zu sein. Ich möchte ein Gesprächspartner sein, dem sie sich anvertrauen und dem sie vertrauen können. Oft bitte ich Jesus deshalb darum, dass er mir hilft, mein Leben fruchtbar zu machen." Nach einer kurzen Pause fährt Pater Isaak Maria fort: „Wenn ich sagen würde, es ist leicht, ins Kloster einzutreten, würde ich lügen. Es ist wunderschön, aber es ist auch eine große Herausforderung."

Jeden Tag neu anfangen

Schwester M. Martha Metzger, Jg. 1974,
Benediktinerin von St. Alban, Dießen am Ammersee

„Ich habe gedacht, wenn ich erst mal hier bin, habe ich es geschafft.
Dann kann ich meine Spiritualität ausleben und muss für meinen
Glauben nicht mehr viel tun. Aber dem ist natürlich nicht so.
Letztendlich fängt man jeden Tag neu an."

In der oberbayerischen Marktgemeinde Dießen, am Südwestufer
des Ammersees, liegt das Kloster der Benediktinerinnen von St. Al-
ban. 23 Schwestern leben hier auf einem weitläufigen Gelände direkt
am See. Neben dem Wohntrakt der Schwestern, den Wirtschafts-
gebäuden und der Kirche befindet sich hier auch ein Kinderheim,
in dem zwischen 60 und 70 Kinder und Jugendliche betreut wer-
den. Die Schwestern führen damit das karitative Werk ihrer Grün-
derin Baroness Barbara von Freyberg fort. 1923 lässt diese den Ver-
ein der Schutzengelschwestern – wie die Gemeinschaft auch heute
noch zivilrechtlich heißt – eintragen und legt damit den Grundstein
für das Kloster. Die 45 Jahre alte Schwester M. Martha ist eine der
Erzieherinnen, die sich um die Kinder kümmern. Seit 15 Jahren ge-
hört sie der Ordensgemeinschaft an.

Schwester M. Martha, die von ihren Eltern den Namen Yvonne erhält, wird 1974 als drittes Kind der Familie geboren. Sie wächst zusammen mit einer sechs Jahre älteren Schwester und einem drei Jahre älteren Bruder in der kleinen Ortschaft Sonderbach bei Heppenheim im Vorderen Odenwald auf. „Religion spielte in unserer Familie keine Rolle. Ich kann mich nicht daran erinnern, dass wir als Kinder mit unseren Eltern gebetet oder einen Gottesdienst besucht haben. Aus heutiger Sicht würde ich sogar sagen, dass Religion bei uns zu Hause ein Tabu-Thema war. Ein Grund dafür mag sein, dass meine Eltern unterschiedlichen Konfessionen angehören. Meine Mutter ist katholisch, mein Vater evangelisch." Trotzdem werden die Kinder katholisch getauft, besuchen in der Schule den Religionsunterricht und nehmen an Erstkommunion und Firmung teil. „Meine Mutter sagte damals, wer nicht zur Kommunion gehe und sich nicht firmen lasse, könne nicht in weiß heiraten. Das war ein Argument."

Doch die kleine Yvonne findet den Kommunionunterricht spannend. Sie merkt, dass sie sich für religiöse Themen interessiert. „Ich war neugierig und wollte mehr über Gott erfahren. Deshalb habe ich nach dem Weißen Sonntag weiterhin die Gruppenstunden besucht, die von unserer Kommunionmutter angeboten wurden." Bis zur Firmung nimmt das Mädchen regelmäßig an den Treffen teil. „Als ich 16 Jahre alt war, erzählten mir ein paar Bekannte, die ich aus der Firmvorbereitung kannte, dass sie übers Wochenende zum Glaubenskurs Cursillo in ein Kloster fahren würden. Ich konnte mir darunter zwar nicht viel vorstellen, meldete mich aber trotzdem an. Dieser Kurs war ein Schlüsselerlebnis für mich. Wir haben uns damals intensiv mit dem Wirken des

Heiligen Geistes sowie aktuellen Lebens- und Glaubensfragen beschäftigt. Es ging um Themen wie: Wer bin ich? Wer ist Gott? Wie ist meine Beziehung zu Gott? Dieses Wochenende hat mich nachhaltig geprägt."

Die Familie merkt schnell, dass sich Yvonne verändert hat. „Zum Abschluss des Cursillos bekam jeder Teilnehmer ein Kreuz geschenkt. Dieses Kreuz habe ich Tag und Nacht getragen. Außerdem habe ich mich von da an regelmäßig mit anderen Jugendlichen zu Gottesdienstbesuchen verabredet und mich dem Bibelkreis angeschlossen. Es war wichtig für mich, dazuzugehören, denn in der Schule war ich eher eine Einzelgängerin. Meine Schulkameradinnen waren viel cooler als ich, manche hatten schon einen Freund. Ich hatte mit Akne zu kämpfen und konnte mit den anderen einfach nicht mithalten. Meine Eltern dachten, mein religiöses Interesse sei ein vorübergehender Spleen, aber ich war wirklich tief berührt von den Eindrücken, die der Glaubenskurs bei mir hinterlassen hatte." Während des Cursillos kommt Yvonne auch zum ersten Mal mit benediktinischer Spiritualität in Kontakt. „Wir waren damals in Ockenheim am Rhein im Kloster Jakobsberg, das zu den Missionsbenediktinern von St. Ottilien gehört." Dort lernt sie Pater Berthold kennen, der auf ihrem Weg zur Ordensfrau eine entscheidende Rolle spielen sollte.

Doch zunächst macht Yvonne ihren Realschulabschluss und beginnt eine Ausbildung zur Kauffrau für Bürokommunikation bei Siemens. „Das war die Idee meiner Mutter. Sie war der Meinung, dass man als Sekretärin immer eine Arbeit finden würde." Aber Siemens baut Stellen ab und die jüngsten Mitarbeiter mit der kürzesten Betriebszugehörigkeit sind die ersten, die gehen müssen. Yvonne wird nach ihrer Ausbildung entlassen. „Natürlich war ich zunächst enttäuscht, dann habe ich es aber als Chance gesehen, mich weiterzubilden, und habe eine Sprachenschule besucht, um Fremdsprachensekretärin für Englisch und Französisch zu werden."

In dieser Zeit kommen Yvonne erstmals Zweifel an der katholischen Kirche: „Plötzlich habe ich mich gefragt, was es überhaupt heißt, katholisch zu sein, und ob das die richtige Glaubensrichtung für mich ist. Ich habe mich intensiv mit dem Judentum auseinandergesetzt, Bücher gelesen und sogar überlegt zu konvertieren." Aber dazu kommt es nicht. Yvonne bleibt katholisch, auch wenn ihr religiöser Eifer mit der Zeit nachlässt. Mit 21 Jahren zieht sie zu Hause aus, hat einen Freund und genießt ihr Leben in vollen Zügen.

„Damals ging es bei mir beruflich wieder bergauf. Nach der Ausbildung zur Fremdsprachensekretärin war ich zunächst bei einer Zeitarbeitsfirma beschäftigt und konnte schließlich – nach mehreren Stationen in verschiedenen Unternehmen – in der Telekommunikationsbranche Fuß fassen." Der kirchliche Freundeskreis aus der Jugend hat sich zu dieser Zeit bereits zerschlagen, und die junge Frau orientiert sich an der Clique ihres Freundes. „Wir waren häufig abends unterwegs und haben gefeiert. Allerdings war ich immer so pflichtbewusst, am nächsten Morgen pünktlich zur Arbeit zu erscheinen."

Obwohl sie kaum noch Gottesdienste besucht und ihr Glaubensleben vereinsamt, hält sie an zwei lieb gewonnenen Gewohnheiten fest: „Beim Cursillo haben wir gelernt, Tagebuch in Gebetsform zu schreiben. Das hat mich so fasziniert, dass ich es auch in dieser Zeit beibehalten habe. Außerdem habe ich ein- bis zweimal pro Jahr einen Lobpreis- oder Glaubenskurs – häufig veranstaltet von der Charismatischen Erneuerung – besucht." Die Charismatische Erneuerung ist eine Bewegung innerhalb der katholischen und auch der evangelischen Kirche, die es seit Ende der 60er-Jahre gibt. Im Zentrum ihrer Spiritualität steht das Wirken des Heiligen Geistes. „An diesen Wochenenden konnte ich auftanken und Kraft für meinen Alltag schöpfen. Ich habe deutlich gemerkt, wie gut es mir tut, mit Gleichgesinnten zu beten und meinen Glauben zu leben."

Zusätzlich zu den Wochenendkursen, die Yvonne besucht, meldet sie sich zu Schweigeexerzitien bei Pater Berthold auf dem Jakobsberg an. „Das war eine sehr tiefgehende Erfahrung. Ich habe gespürt, was es heißt, einfach vor Gott da sein zu dürfen." In Yvonne keimt zum ersten Mal der Gedanke, selbst in einen Orden eintreten zu wollen.

Doch erst einmal steht eine berufliche Veränderung an. „Mein Chef wollte das Unternehmen wechseln und fragte mich, ob ich mitkommen würde. Da wir uns gut verstanden und die Zusammenarbeit sehr angenehm war, stimmte ich zu. So kam ich nach Frankfurt zum damals drittgrößten Telekommunikationsunternehmen der Welt. Zunächst war ich Sekretärin der Rechtsabteilung. Als mein Chef zum General Manager befördert wurde, wurde ich Assistentin der Geschäftsleitung Deutschland. Rückblickend muss ich sagen, dass der Job eine Nummer zu groß für mich war, aber ich bin mit meinen Aufgaben gewachsen – durch viel Fleiß und klassisches Learning by Doing."

Mit dem Jobwechsel geht auch eine private Veränderung einher. „Ich zog nach Frankfurt, um näher an meiner Arbeitsstelle zu wohnen. In der Großstadt Fuß zu fassen, fiel mir nicht leicht. Außerdem fühlte ich bereits eine innerliche Zerrissenheit. Auf der einen Seite war ich erfolgreich im Job, verdiente sehr viel Geld und konnte mir alles leisten: Auto, Schuhe, Handtaschen, Klamotten – kein Problem. Damals machte ich auch ganz verrückte Sachen. Einmal jettete ich zum Beispiel mit einer Arbeitskollegin für drei Tage zum Shoppen nach Hongkong. Einfach so. Und ich hatte die Hoffnung, meinen Traummann kennenzulernen. Er sollte gut aussehen und was darstellen, eine Schulter zum Anlehnen haben und mir Geborgenheit geben. Aber obwohl ich mehrere Männerbekanntschaften hatte, hatte ich bei keinem das Gefühl, dass er der Richtige ist. Vielleicht, weil ich andererseits schon deutlich spürte, dass das nicht der Weg war, den ich gehen sollte. Immer häufiger dachte ich darüber nach, alles hinter mir zu lassen und Ordensschwester zu werden. Ich kaufte monastische Stundenbücher, besuchte Choralkurse und betete wieder regelmäßig. Ich schloss mich der Charismatischen Erneuerung an, die sich in meinem Wohngebiet einmal pro Monat zum Gebetsnachmittag traf, und stand in engem Kontakt mit dem Kapuzinerkloster in Frankfurt. Dort hatte ich einen geistlichen Begleiter, mit dem ich mich regelmäßig austauschen konnte."

Auch der Kontakt zum Benediktinerpater Berthold bricht nicht ab. „Zu dieser Zeit war er nicht mehr auf dem Jakobsberg tätig, sondern lebte wieder im bayerischen St. Ottilien. Also reiste ich für meine Exerzitien dorthin." Yvonne, inzwischen Mitte 20, erzählt dem Pater von ihrer inneren Zerrissenheit und ihren Überlegungen, in einen Orden einzutreten. „Daraufhin ist Pater Berthold mit mir von St. Ottilien aus nach Dießen gefahren, um mir das

Benediktinerinnenkloster St. Alban zu zeigen. Als ich gesehen habe, wie die Schwestern mit den Kindern aus dem dortigen Kinderheim auf der Wiese spielten, hatte ich das Gefühl, dass es hier nicht ganz so streng zugehen kann, wie man sich das Ordensleben als Außenstehende oft vorstellt." Nach dem Besuch in St. Alban ist Yvonne völlig durcheinander. „Ich habe nur noch geweint. Ich wusste einfach nicht, wie es weitergehen sollte."

Zurück in Frankfurt kauft die junge Frau ein Buch über Frauenklöster und bestellt Prospekte und Informationsmaterial bei verschiedenen Orden. „Im Jahr 2000 hatten viele Ordensgemeinschaften noch keinen Internetauftritt, sodass ich nicht einfach im Netz recherchieren konnte. Um mir einen Eindruck von den unterschiedlichen Klöstern und Gemeinschaften machen zu können, war ich viel unterwegs und habe sie mir vor Ort angesehen. Als ich in Trier war, um die Josefsschwestern kennenzulernen, habe ich auch das Grab des heiligen Matthias besucht. Dabei sind mir Benediktinermönche begegnet. Als ich diese Mönche gesehen habe, hatte ich plötzlich eine ganz starke Sehnsucht danach, Benediktinerin zu werden."

In den kommenden Monaten festigt sich Yvonnes Wunsch, einer benediktinischen Gemeinschaft anzugehören, immer mehr. „Die Form des monastischen Lebens, das Altertümlich-Ursprüngliche, das hat mich sehr angezogen. Und ich habe überall Zeichen gesehen: Als ich beispielsweise mit den Kapuzinern aus Frankfurt auf einer Pilgerreise nach Flüeli war, haben wir auf dem Weg das Kloster Einsiedeln besucht – das ist benediktinisch. Ich hatte damals ständig das Gefühl, ganz stark in diese Richtung gelenkt zu werden." Inzwischen wissen auch die Arbeitskollegen, dass

Yvonne ihre freien Tage regelmäßig in Klöstern verbringt. „Daraus habe ich kein Geheimnis gemacht. Mit einem Arbeitskollegen habe ich mich sogar manchmal zum Mittagsgebet in der Besenkammer getroffen."

Als in Yvonne der Entschluss gereift ist, Benediktinerin werden zu wollen, besucht sie noch einmal verschiedene Klöster, um den richtigen Platz für ihr künftiges Leben zu finden. „Dabei habe ich zum Beispiel auf die Altersstruktur der Gemeinschaft geachtet." Aber nirgends will sich dasselbe Gefühl einstellen wie in St. Alban. „Obwohl ich spürte, dass dort alles passt, hatte ich auch Angst davor, den letzten Schritt zu gehen. Dießen liegt mehrere Hundert Kilometer von Frankfurt und meinem Heimatdorf entfernt. Ich hatte die Befürchtung, den Kontakt zu meinen Freunden und meiner Familie zu verlieren. Außerdem wusste ich nicht, ob mir der klösterliche Lebenswandel gelingen würde: nie wieder große Urlaubsreisen, kein eigenes Auto, essen, was auf den Tisch kommt, strenge Regeln, an die man sich bedingungslos halten muss. Das alles habe ich mir sehr schwierig vorgestellt."

Yvonne führt immer wieder Gespräche mit ihrem geistlichen Begleiter in Frankfurt, Pater Berthold von St. Ottilien, und Schwester Bonifatia, der damaligen Priorin von St. Alban. Nach reiflichen Überlegungen, vielen Tränen und schlaflosen Nächten ist sich Yvonne ganz sicher: Sie will Benediktinerin in St. Alban werden.

Eltern und Geschwister werden nicht in den Entscheidungsprozess eingebunden. „Meine Angehörigen habe ich vor vollendete Tatsachen gestellt. Während unserer Familienfeier an Heiligabend 2002 habe ich ihnen mitgeteilt, dass ich im kommenden Jahr ins Kloster eintreten werde. Damit war Weihnachten für meine Eltern

gelaufen. Sie standen regelrecht unter Schock. Es hat Monate gedauert, bis sie sich mit meiner Entscheidung anfreunden konnten. Zuspruch habe ich überraschenderweise von meiner evangelischen Großmutter erhalten. Sie meinte, wenn das mein Weg
sei, solle ich ihn gehen. Das hat mir gutgetan." Und auch Yvonnes
christlicher Freundeskreis stärkt ihr den Rücken. „Meine Freunde
waren begeistert von meinem Vorhaben und haben mich unterstützt."

In den folgenden Monaten nimmt Yvonne schrittweise Abschied
von ihrem bisherigen Leben: Job und Wohnung müssen gekündigt und der Hausstand aufgelöst werden. „Ich habe Freunde und
Bekannte eingeladen und meine Sachen verschenkt. Da ich sehr
viele Dinge hatte, war es gar nicht einfach, alles loszuwerden. Am
schwersten fiel es mir, mein Auto abzugeben, denn damit gibt man
automatisch auch ein Stück Selbstständigkeit und Freiheit auf. Aber
da ich es meiner Mutter schenken konnte, wusste ich es in besten
Händen. Sie fährt es heute noch, sodass ich es immer sehe, wenn
ich zu Hause Urlaub mache."

Ihre Arbeitskollegen informiert Yvonne per Rundmail über ihre
Entscheidung. „Als eine von wenigen Mitarbeitern hatte ich die
Berechtigung, eine E-Mail an den Gesamtverteiler aller Kolleginn-
nen und Kollegen in Deutschland zu verschicken. Das habe ich
gemacht. Ich habe mich für die gute Zusammenarbeit bedankt
und sie darüber informiert, dass ich ins Kloster gehe. Kurz und
bündig. Danach ist eine regelrechte E-Mail-Flut über mich herein-
gebrochen. Mit den Kollegen, mit denen ich direkt zusammen-
gearbeitet habe, habe ich eine Abschiedsparty im Büro gefeiert.
Das war ein sehr schönes Fest, bei dem auch viele gute Gespräche

zu Glaubensthemen zustande kamen. Manche Kolleginnen und Kollegen haben sich plötzlich als aktive Christen ‚geoutet', von denen das niemand gedacht hätte. Andere haben erzählt, dass sie in einem christlichen Chor singen. Es war, als sei auf einmal ein Bann gebrochen, wodurch solche Gespräche möglich wurden."

Zu Beginn des Postulats 2003 hat Yvonne hohe Erwartungen an sich selbst und genaue Vorstellungen vom Klosterleben. „Ich habe gedacht, wenn ich erst mal hier bin, habe ich es geschafft. Dann kann ich meine Spiritualität ausleben und muss für meinen Glauben nicht mehr viel tun. Aber dem ist natürlich nicht so. Letztendlich fängt man jeden Tag neu an. Man entwickelt sich persönlich, aber auch spirituell weiter. Das ist manchmal eine große Herausforderung. Außerdem war ich sehr überrascht, dass unsere Gemeinschaft wie ein Spiegel der Gesellschaft ist. Hier sind alle Charaktere vertreten, die es außerhalb des Klosters auch gibt: Wir haben redselige, zurückhaltende, egozentrische, depressive, sehr fromme und eher flapsige Schwestern. Es gibt welche, die gerne im Mittelpunkt stehen, und solche, die in sich gekehrt sind. Schließlich gibt man seinen Charakter beim Eintritt in ein Kloster ja nicht an der Pforte ab."

Aufgrund ihrer langjährigen Berufserfahrung als Sekretärin und Assistentin der Geschäftsleitung geht Yvonne selbstverständlich davon aus, dass sie auch im Kloster für Büro- und Verwaltungstätigkeiten eingesetzt wird. Aber dem ist nicht so. Während des Postulats arbeitet sie überall dort mit, wo gerade Hilfe benötigt wird, und hat keine konkreten Aufgaben. Danach folgt das Noviziat. Dieser Abschnitt beginnt mit der Einkleidung. Man erhält seinen Ordensnamen und das Ordensgewand. Yvonne darf drei Namen vorschlagen. Die Entscheidung, welcher Name gewählt wird, liegt bei der Priorin. „Mein Favorit war Martha. Deshalb habe ich diesen Namen ganz oben auf das Blatt geschrieben und eine ausführliche Begründung verfasst, warum mir dieser Name am besten gefällt." Die Priorin versteht das Zeichen und aus Yvonne wird Schwester M. Martha. „Das ‚M' steht für Maria, der wir geweiht sind."

Obwohl die junge Schwester kaum Erfahrung im Umgang mit Kindern hat, soll sie im klostereigenen Kinderheim mitarbeiten. „Zusammen mit ausgebildeten Erzieherinnen habe ich die Kinder betreut. In unserem Heim gibt es sechs Gruppen. In jeder Gruppe leben neun bis elf Kinder. Die Jüngsten sind im Kleinkindalter, die Ältesten fast volljährig." Die meisten Schützlinge, die in St. Alban aufgenommen werden, kommen aus Inobhutnahmen durch das Jugendamt, weil das Kindeswohl in ihren Herkunftsfamilien gefährdet ist. „Ziel ist es, dass die Kinder wieder in ihre Familien zurückkehren können. Das geht in manchen Fällen recht schnell, andere bleiben hier, bis sie erwachsen sind und eine abgeschlossene Berufsausbildung haben. Wichtig ist, dass die Kinder einen guten Kontakt zu ihren Eltern pflegen. Alle 14 Tage dürfen sie deshalb besucht werden oder – falls es möglich ist – das Wochenende zu Hause verbringen." Da die Altersstruktur der Schwestern von St. Alban ähnlich ist wie in vielen anderen Klöstern, könnten die Ordensfrauen das Kinderheim ohne die Unterstützung weltlicher Erzieherinnen nicht betreiben. Von den 23 Schwestern, die derzeit im Kloster leben, sind nur sechs unter 60 – die jüngste ist 40, die älteste 90.

Als sich abzeichnet, dass Schwester M. Martha dauerhaft im Kinderheim tätig sein soll, sucht sie das Gespräch mit der Priorin.

„Ich wollte eine einjährige Ausbildung zur Kinderpflegerin machen, um mir ein paar pädagogische Grundlagen anzueignen." Doch die Priorin hat andere Pläne. „Sie schlug vor, dass ich mich zur Erzieherin ausbilden lassen sollte. Meine Begeisterung hielt sich zunächst in Grenzen. Schließlich war ich schon Anfang 30 und konnte mir nicht vorstellen, noch einmal Vollzeit zur Schule zu gehen." Doch Schwester M. Martha fügt sich. „Die Ausbildung absolvierte ich an der Fachakademie für Sozialpädagogik Maria Stern in Augsburg. Zwei Jahre lang lebte ich unter der Woche bei den Franziskanerinnen vor Ort. Nur am Wochenende war ich in unserem Kloster."

Bereut hat Schwester M. Martha diesen Schritt nicht. Sie arbeitet gerne im Kinderheim, auch wenn ihr Lebensmittelpunkt das Kloster ist. „Ich habe Mitschwestern, die immer im Heim schlafen, weil sie Kleinkinder in ihrer Gruppe haben, die sie nachts nicht allein lassen können. Es ist wichtig, dass die Kleinen nach Möglichkeit rund um die Uhr eine feste Bezugsperson haben. Die Kinder, die ich betreue, sind älter. Hier wechselt die Nachtbetreuung, sodass ich auch in meinem Zimmer im Kloster schlafen kann."

Um 5 Uhr stehen die Schwestern von St. Alban auf. Zum ersten Stundengebet, der Vigil und Laudes, treffen sie sich um 5.30 Uhr. Im Anschluss daran findet um 6.30 Uhr die gemeinsame Eucharistiefeier statt. Danach wird gefrühstückt und der Arbeitstag beginnt. Vor dem Mittagessen, das die Schwestern wochentags schweigend begleitet von einer Tischlesung einnehmen, treffen sie sich zum Mittagsgebet. Um 18.30 Uhr beten sie vor dem Abendessen die Vesper. Um 20 Uhr beendet die Komplet den Tag. „Es hat lange gedauert, bis ich den klösterlichen Rhythmus verinnerlicht hatte. Das frühe Aufstehen war eine große Umstellung für mich."

Der materielle Verzicht hingegen fällt Schwester M. Martha nicht schwer. „Ich habe hier im Orden gemerkt, wie wenig ich brauche, um glücklich zu sein. Natürlich gibt es manchmal Wünsche, die sich nicht erfüllen lassen, aber objektiv betrachtet sind diese Dinge auch nicht wichtig. Alles, was wir brauchen, bekommen wir." Dann erinnert sie sich an eine Begebenheit zu Beginn ihres Ordenslebens: „Bei meinem Eintritt ins Kloster besaß ich ein Handy mit einer Prepaid-Karte. Ich habe es nicht abgegeben, weil ich mir überhaupt nichts dabei gedacht habe. Ab und zu erhielt ich einen Anruf. Aber ich selbst habe so gut wie nie damit telefoniert. Eines Tages wurde ich von unserer Priorin darauf angesprochen. Das war mir sehr unangenehm. Ich habe es dann sofort abgegeben. Heute ist das natürlich kein Thema mehr. Inzwischen gibt es auch im Kloster Smartphones."

Welches Gelübde für Schwester M. Martha, die am 2. August 2009 ihre Ewige Profess abgelegt hat, die größte Herausforderung darstellt, kann sie nicht sagen. „Das wechselt. Je nachdem, worum es gerade geht. Manchmal habe ich Sehnsucht nach einem Partner oder nach Sex – dann ist es die Ehelosigkeit. An anderen Tagen finde ich es schade, dass ich Stabilitas gelobt habe. Das war am Anfang meines Ordenslebens zum Beispiel ganz wichtig für mich. Damals hatte ich das Gefühl, endlich angekommen zu sein. Die Stabilitas, also das Versprechen, für immer in einer bestimmten Klostergemeinschaft zu leben, war einer der Gründe, Benediktinerin zu werden. Die Vorstellung, alle paar Jahre versetzt werden zu können, wie es bei den franziskanischen Orden der Fall ist, fand ich nicht gut. Heute, nach über 15 Jahren in St. Alban, denke ich manchmal, dass es auch schön wäre, noch einmal woanders leben zu können. Aber eigentlich fühle ich mich hier sehr wohl.

Die tolle Lage unseres Klosters direkt am Ammersee genieße ich sehr. Als leidenschaftliche Schwimmerin und Kajakfahrerin kann ich hier in der Natur mit Gott in Berührung kommen. Und die Arbeit mit den Kindern bereitet mir auch Freude. Ich habe die Hoffnung, dass wir ihnen Werte vermitteln, von denen sie später profitieren können. Viele Kinder sind nicht getauft, aber sie lernen durch uns das christliche Leben kennen. Wir zwingen sie natürlich zu nichts, aber wir leben unseren Glauben vor und die Kinder sind eingeladen mitzumachen. Dazu gehört für mich, vor den Mahlzeiten zu beten oder am Sonntag den Gottesdienst zu besuchen. Mit den größeren Kindern fahre ich auch auf christliche Freizeiten. Das macht mir und den Kindern Spaß. Und zusätzlich zu meiner Arbeit als Erzieherin habe ich auch im Kloster Aufgaben, die ich gerne wahrnehme: Ich bin Lektorin bei den Gebetszeiten und singe in der Choralschola. Außerdem betreue ich als Webmasterin unsere Internetseite. So habe ich – trotz Stabilitas – immer viel Abwechslung und persönliches Entwicklungspotenzial."

Eine große innere Freiheit

Schwester Barbara Volk, Jg. 1967,
Barmherzige Schwester vom heiligen Vinzenz
von Paul, Untermarchtal

*„Wenn ich die Ansichten oder das Verhalten einer Mitschwester
nicht verstehe, denke ich immer daran, dass Gott uns alle erwählt
hat und jede von uns ihren Weg mit Gott geht."*

*Schwester Barbara steht mitten im Leben, als sie plötzlich den Ruf
Gottes vernimmt. Mit Mitte 30 tritt die heute 52-Jährige in den
Orden der Barmherzigen Schwestern vom heiligen Vinzenz von Paul
in Untermarchtal ein. Als Oberin leitet sie das Ferienhaus ihrer Kongregation im schwäbischen Talheim. Die Erfahrung, von Gott durch
alle Höhen und Tiefen des Lebens getragen zu werden, hat sie nachhaltig geprägt. Es ist ihr ein Anliegen, die Liebe, die sie empfängt,
an ihre Mitmenschen weiterzugeben und ein gutes Miteinander zu
pflegen.*

Schwester Barbara kommt 1967 in Geislingen an der Steige zur
Welt. Sie wächst als Einzelkind in einem gut katholischen Elternhaus auf. Im selben Haus wohnt auch die Großmutter, die sehr

fromm ist, täglich den Gottesdient besucht und den Rosenkranz betet. „Sie hat immer versucht, mich zu überreden, sie in die Kirche zu begleiten. Das war mir als Kind oft zu viel. Mir war es genug, am Sonntag zusammen mit meinen Eltern den Gottesdienst zu besuchen. Als Jugendliche hatte ich dann sogar eine Phase, in der ich sonntags lieber ausschlafen und gar keinen Gottesdienst besuchen wollte. Aber das haben meine Eltern nicht geduldet." Der Vater ist sehr streng. „Er war der Herr im Haus und duldete keinen Widerspruch. Ich hatte keine Chance, mich gegen ihn durchzusetzen. Ich hatte oft das Gefühl, kontrolliert zu werden, und durfte nie selbstständig entscheiden. Für mich klafften in meinem Elternhaus der Anspruch, ein christliches Leben führen zu wollen, und die Realität sehr weit auseinander."

Barbara ist nicht so gut in der Schule. Als sie mit 17 die Berufsfachschule mit sozialpädagogisch-hauswirtschaftlicher Ausrichtung mit der Mittleren Reife abschließt, hat sie keine konkrete Idee, welche Ausbildung sie machen soll. „Da sich die Suche sehr in die Länge zog, ergriffen schließlich meine Eltern die Initiative und kümmerten sich um eine Lehrstelle. In einer nahe gelegenen Bäckerei wurde eine Auszubildende zur Bäckereifachverkäuferin gesucht. Diese Stelle bekam ich." Während ihrer Lehrzeit merkt Barbara, dass sie bei den Kunden gut ankommt und ihr der Umgang mit Menschen Spaß macht.

„Langsam ist in mir der Wunsch gewachsen, mehr aus meinem Leben zu machen. Und so beschloss ich, am Abendgymnasium mein Abitur nachzuholen." Die Eltern können dem Vorhaben der Tochter nichts abgewinnen. Sie sind der Meinung, dass es unnötig sei, mit einer abgeschlossenen Berufsausbildung noch einmal die Schulbank zu drücken. Aber Barbara setzt sich durch. „Tagsüber habe ich weiterhin Vollzeit in der Bäckerei gearbeitet und am Abend bin ich zur Schule gegangen." Dort findet sie schnell Anschluss und knüpft Freundschaften, die teilweise bis heute halten.

Ein Schulkamerad gefällt Barbara besonders gut. „Ich verliebte mich damals in einen sechs Jahre älteren Mann, der mir Liebe und Wärme schenkte und mich so annahm, wie ich war. Es war ein gutes Gefühl, ernst genommen, respektiert und geliebt zu werden. Wir zogen nach einiger Zeit zusammen – vielleicht auch ‚nur‘ deswegen, weil ich aus meinem Elternhaus rauswollte, um endlich frei zu sein. Sowohl für meine Eltern als auch für meine Großmutter war es eine Katastrophe, dass ich in wilder Ehe mit einem Mann zusammenleben wollte. Nach größeren Meinungsverschiedenheiten und einem heftigen Streit brach ich den Kontakt zu ihnen ab. Da die Bäckerei, in der ich weiterhin arbeitete, nahe an meinem Elternhaus lag, bin ich meiner Mutter zwangsläufig begegnet. Das war mir immer sehr unangenehm. Ich hatte Schuldgefühle und habe mich geschämt, obwohl ich wusste, dass es richtig war, zu Hause auszuziehen."

Gottesdienste besucht Barbara zu dieser Zeit nicht mehr. „Endlich konnte ich frei entscheiden, was ich tun und lassen wollte. Ich habe es sehr genossen, am Sonntagmorgen nicht aufstehen zu müssen." Allmählich distanziert sie sich auch innerlich immer mehr von ihrem Glauben.

1994 zieht Barbara mit ihrem Freund nach Reichenbach unter Rechberg bei Donzdorf und beginnt in der Vinzentiuspflege ein sechsmonatiges Praktikum, um herauszufinden, ob der Beruf als

Sozialpädagogin zu ihr passt. Die Arbeit mit Kindern und Jugendlichen gefällt ihr gut, sie beginnt Sozialpädagogik im dualen System zu studieren. Als Barbara nach drei Jahren den Abschluss als Diplom-Sozialpädagogin (BA) in der Tasche hat, ist sie überglücklich und froh, es geschafft zu haben.

„Damals habe ich verstanden, was es heißt, für sich selbst zu sorgen und dranzubleiben, wenn einem etwas wichtig ist. Nun wusste ich, dass ich dazu in der Lage bin, etwas aus eigener Kraft zu schaffen. Das war eine ganz wichtige Erfahrung für mich."

Während ihrer Tätigkeit in der Vinzentiuspflege kommt Barbara zum ersten Mal mit katholischen Ordensfrauen in Kontakt. „Das Heim wurde von einer Schwester geleitet. Außerdem hatte ich Kolleginnen, die ebenfalls Schwestern waren. Es war dort üblich, mit den Kindern Gottesdienste zu feiern und Besinnungsstunden abzuhalten. Dadurch bin ich dem christlichen Glauben wieder ein kleines Stückchen nähergekommen.

Nach einiger Zeit habe ich gemerkt, dass der Mann an meiner Seite psychisch nicht gesund ist – und so kam ich wieder in eine unangenehme und belastende Situation. Einige Jahre habe ich diese psychischen Ausbrüche ausgehalten. Irgendwann ging es nicht mehr. Ich habe mir therapeutische Hilfe gesucht und machte im Anschluss eine stationäre Therapie. Nach einem mehrwöchigen Klinikaufenthalt wurde mir klar, dass ich mich von diesem Mann trennen muss, um zu verhindern, selbst krank zu werden. Es kostete mich sehr viel Kraft, diesen Schritt zu tun. Ich wusste zuerst nicht, wohin ich gehen sollte. Ich musste schnell ausziehen – und zu meinen Eltern wollte ich auf keinen Fall zurück. Hinzu kam, dass mein Arbeitsvertrag auslief." In dieser schweren

Zeit sucht Barbara Beistand bei Gott. „Ich habe ihn um Hilfe angefleht, weil ich einfach nicht mehr weiterwusste."

Glücklicherweise ist im Haus eines befreundeten Pärchens ein Zimmer frei, sodass Barbara nach ihrer Trennung dort unterkommen kann. „Meine Freunde waren eine wichtige Stütze für mich. Sie haben mich aufgefangen. Da sie selbstständig waren, konnte ich sogar ein bisschen bei ihnen mitarbeiten." Parallel schreibt Barbara Bewerbungen und sucht nach einer eigenen Wohnung. Schließlich wird sie in Eislingen fündig und kann kurz darauf in Stuttgart eine neue Stelle antreten. Dort betreut sie Langzeitarbeitslose – eine schwierige Aufgabe.

Schwierig sind für Barbara auch die Abendstunden und Wochenenden, die sie allein in ihrer Wohnung verbringt. Sie fühlt sich einsam und weiß nicht, wie sie in Eislingen Kontakte knüpfen soll. Irgendwann wendet sie sich an die Kirche. „Ich habe im Pfarramt angerufen und gefragt, ob ich mich in der Kirchengemeinde engagieren kann." Pfarrer Schacher lädt sie zum Gespräch ein und erzählt, dass es neben vielen anderen Angeboten sowohl einen Kirchen- als auch einen Gospelchor in der Gemeinde gibt. Barbara, die gerne singt, tritt in beide Chöre ein. „Auf diese Weise habe ich schnell Anschluss gefunden." Ab und zu besucht sie jetzt auch wieder Gottesdienste. Zusätzlich gibt es beruflich eine positive Veränderung. „Ich fand in Esslingen eine Stelle, bei der ich wieder mit Jugendlichen arbeiten konnte. Das war gut für mich." Da Barbara ihren ersten Kontakt mit Pfarrer Schacher in positiver Erinnerung behält, sucht sie nun öfter das Gespräch mit ihm. „Ich war nach wie vor suchend und es gab viele Themen, die mich beschäftigten. Irgendwann lud er mich ein, am Glaubenskurs

Cursillo teilzunehmen." Barbara reagiert zunächst zurückhaltend. „Ein ganzes Wochenende, an dem es nur um Glaubensthemen gehen sollte? Das konnte ich mir nicht so recht vorstellen."

Durch die positiven Erlebnisse in ihrer Kirchengemeinde verändert sich allmählich auch Barbaras Gottesbild. „Ich bin mit einem strafenden Gott groß geworden. Als Kind hatte ich Angst davor, etwas falsch zu machen und Gott zu erzürnen. Durch Pfarrer Schacher und eine liebe Freundin, die sehr in der Gemeinde engagiert war, hat sich dieses Bild verändert. Plötzlich konnte ich mir vorstellen, dass wir einen liebenden Gott haben. Einen, der immer für uns Menschen da ist, auch wenn wir auf Abwege geraten. Das war eine neue Erfahrung für mich. Mich persönlich hat das auch in gewisser Weise entlastet. In der Zeit, in der ich mit meinem Freund zusammengelebt habe, hatte ich ja durchaus manchmal das Gefühl, etwas Unrechtes zu tun. Jetzt zu erfahren, dass Gott alle Wege mitgeht und uns Menschen nie verlässt, war ein wunderbares Gefühl."

Irgendwann nimmt Barbara dann doch am Cursillo teil. „Dieser Kurs hat mein Leben komplett verändert: Mein Glaube wurde gestärkt, und ich habe gelernt, die Liebe des barmherzigen Gottes anzunehmen. Plötzlich wusste ich, dass Gott auch in den schwersten Stunden meines Lebens immer an meiner Seite war. Selbst damals, als ich mich ganz von ihm abgewandt hatte. Das hat mich zutiefst bewegt. Und auf einmal spürte ich in meinem Herzen den Wunsch, mich ganz in den Dienst Gottes zu stellen." Dieser Gedanke lässt Barbara nicht mehr los. Sie überlegt, wie sie sich sozial-karitativ engagieren kann. Doch in ihrem tiefsten Inneren spürt sie, dass es vielleicht auch einen anderen Weg geben könnte.

„Während des Cursillos lernte ich eine Schwester kennen, und wir kamen in ein intensives Gespräch miteinander. Auch nach dem Kurs telefonierten wir regelmäßig. Dann kam ein Tag – ich war gerade bei der Hausarbeit –, als ich den Impuls hatte, sie anrufen zu müssen. Ich wollte sie fragen, ob sie sich vorstellen könne, dass ich trotz meines unsteten Lebenslaufs eine Chance haben könnte, ins Kloster aufgenommen zu werden. Ihre Antwort war eindeutig. Sie sagte: ‚Wenn es Gottes Ruf ist, dann ist es dein Weg. Geh hin und schau dir das Kloster an, zu dem du dich hingezogen fühlst.‘ Das habe ich gemacht. Ich bin nach Untermarchtal zu den Barmherzigen Schwestern vom heiligen Vinzenz von Paul gefahren.“

Als Barbara die dortige Klosterkirche betritt, kommen ihr die Tränen. „Ich hatte sofort das Gefühl, dass ich am richtigen Platz bin. Ich bin dann einfach zur Klosterpforte gegangen und habe nach einer Gesprächspartnerin gefragt.“ An diesem Tag lernt Barbara Schwester Elisabeth kennen. „Heute bin ich mir sicher, dass Gott dafür gesorgt hat, dass wir aufeinandergetroffen sind. Die Wertschätzung und die Offenheit, die mir Schwester Elisabeth bereits in unserem allerersten Gespräch entgegenbrachte, bestärkten mich darin, auf dem richtigen Weg zu sein.“

Mehrmals fährt Barbara in den kommenden Monaten nach Untermarchtal, verbringt Tage im Kloster und spricht mit den Schwestern. „Trotzdem habe ich mich nicht getraut, den finalen Schritt zu gehen. Ich hatte immer noch meine Vergangenheit im Kopf. Wie sollte ich den Schwestern sagen, dass ich viele Jahre in wilder Ehe mit einem Mann zusammengelebt hatte? Das war ein großer Gewissenskonflikt für mich.“

Im Sommer 2003 läuft Barbaras Arbeitsvertrag aus. „Das war der richtige Zeitpunkt, um eine Entscheidung zu treffen. Zusammen mit meiner besten Freundin pilgerte ich mehrere Wochen auf dem Jakobsweg. Als ich zurückkam, habe ich mich in Untermarchtal angemeldet und im Oktober bin ich bei den Barmherzigen Schwestern vom heiligen Vinzenz von Paul eingetreten." Dass die inzwischen 36-Jährige zuvor ihren gesamten Hausstand auflösen muss, ist für Barbara nicht schlimm. „Ich spürte so eine große innere Freiheit, endlich den richtigen Platz gefunden zu haben, dass ich meine Sachen mit Freude verschenkt habe. Selbst mein Auto und mein Motorrad habe ich leichten Herzens weggegeben."

Die Eltern, denen sich Barbara nach der Trennung von ihrem Freund langsam wieder annähert, reagieren unterschiedlich auf den Entschluss ihrer Tochter. „Mein Vater sagte, dass ich das sowieso nicht aushalten würde und die größten Probleme mit dem Gehorsam haben werde. Meine Mutter hat sich gefreut. Sie gestand mir, dass sie selbst gerne in einen Orden eingetreten wäre, von ihren Eltern aber keine Erlaubnis erhalten habe. Inzwischen hat sich die Sichtweise meines Vaters verändert. Heute sagt er: Ihm geht es gut, wenn seine Tochter glücklich ist. Und er hat auch erkannt, dass früher einiges in unserer Familie schlecht gelaufen ist. Das war wichtig für unsere Beziehung, die ich jetzt als sehr gut empfinde."

Während des Postulats, dem ersten Jahr im Kloster, absolviert Barbara ein Praktikum in einer Praxis für Ergotherapie. „Bei uns gibt es während der Ausbildungszeit im Kloster zwei Praktika. Das ist wichtig, da wir im sozial-karitativen Bereich tätig sind und die jungen Frauen wissen müssen, was auf sie zukommt." Im

September 2004 erfolgt mit Eintritt ins Noviziat die Einkleidung. „Dabei erhalten wir sowohl unsere Ordenstracht als auch unseren Ordensnamen. In meinem Fall ist es bei meinem Taufnamen geblieben. Auf meiner Liste mit den drei Wunschnamen stand er ganz oben. Der Name bedeutet mir viel: Die heilige Barbara war stark im Glauben und standfest bis zu ihrem Tod. Darin ist sie mir ein Vorbild."

2006 legt Barbara ihre Profess ab. „In unserer Gemeinschaft gibt es die Besonderheit, dass die Profess nicht auf ewig, sondern nur für ein Jahr abgelegt wird. Jedes Jahr in der Osternacht erneuern wir unsere Gelübde und unterschreiben, dass wir uns für ein weiteres Jahr an unsere Gemeinschaft binden. Es ist ein ergreifendes Gefühl, wenn alle Schwestern gemeinsam die Gelübdeformel sprechen. Auch wenn es theoretisch möglich wäre, das Kloster wieder zu verlassen, hatte ich persönlich immer das Gefühl, eine Entscheidung fürs Leben getroffen zu haben.

Mit den Gelübden Armut, Gehorsam, Ehelosigkeit hatte ich nie Probleme. Viel schwieriger fand ich in der Anfangszeit, dass das Verhalten einiger Mitschwestern gar nicht zu meiner Vorstellung von einem klösterlichen Leben passte. Ich habe gedacht, dass hier alle so miteinander umgehen, wie es im Evangelium steht – voll Liebe, Nachsicht und Demut. Ich habe nicht damit gerechnet, dass es auch im Kloster Streitereien, Sturheit und Bockigkeit gibt. Ich lebe nach der Devise: Ich kann die anderen nicht ändern, sondern nur mich selbst. Mein Anspruch ist es, ein Vorbild für andere und gut zu anderen zu sein. Ich finde es wichtig, im Gespräch zu bleiben, auch wenn das manchmal viel Kraft kostet. Wenn mich etwas beschäftigt, muss ich darüber sprechen, um es im besten Fall aus der Welt räumen zu können. Das stößt leider nicht bei allen Mitschwestern auf Gegenliebe."

Die ersten zehn Jahre nach ihrer Profess ist Schwester Barbara im Marienhospital in Stuttgart tätig. „Zuerst arbeitete ich rund sechs Jahre im Sozialdienst und habe Patienten hinsichtlich Reha-Maßnahmen, bei Pflegestufe-Anträgen und vielen anderen Themen beraten. Die letzten vier Jahre war ich in der Krankenhausseelsorge beschäftigt." Im Stuttgarter Marienhospital haben die Untermarchtaler Schwestern einen eigenen Konvent. „Zu meiner Zeit waren wir dort etwa 40 Schwestern. Wir lebten in kleinen Wohngruppen, hatten ein Refektorium, in dem wir zusammen gegessen haben, und beteten unsere Stundengebete in unserer eigenen Kapelle."

Seit September 2016 ist Schwester Barbara Oberin des Ferienhauses ihrer Kongregation in Talheim bei Untermarchtal. Hier lebt sie zusammen mit zwei Mitschwestern. „Unsere Aufgabe ist es, das Haus in Schuss zu halten und uns um die Gäste zu kümmern, die hier ihre Ferien verbringen. Das sind zum Beispiel Ordensleute oder Einzelgäste, die auf der Suche nach Stille sind. Zusätzlich arbeite ich in Teilzeit als Integrationsmanagerin in der Stadt Munderkingen und Umgebung. Da bin ich für die Betreuung von Flüchtlingen zuständig."

Um alle Aufgaben erledigen zu können, nutzt Schwester Barbara moderne Kommunikationsmittel. „Ohne Laptop und Smartphone könnte ich meine Arbeit gar nicht machen. Ein Großteil der Kommunikation läuft heute per E-Mail. Und wir Schwestern haben sogar eine eigene WhatsApp-Gruppe, in der wir Neuigkeiten posten. Gerade gibt es im Mutterhaus einen größeren Umbau, da werden dann regelmäßig Bilder von der Baustelle verschickt, damit auch die Schwestern auf den Außenstellen immer auf dem Laufenden sind. Das ist sehr praktisch."

Die Gebetszeiten passen die Schwestern in den einzelnen Konventen ihren Aufgabenbereichen an. „Wenn wir keine Gäste haben, beten wir hier in Talheim die Laudes und feiern danach die Heilige Messe, die ein pensionierter Pfarrer, der bei uns im Haus lebt, hält. Abends um fünf beten wir die Vesper. Das variiert von Haus zu Haus." Insgesamt gehören der Gemeinschaft der Barmherzigen Schwestern vom heiligen Vinzenz von Paul in Untermarchtal 257 deutsche, 248 tansanische und 12 äthiopische Schwestern an. „Von den deutschen Schwestern sind etwa 30 im Mutterhaus untergebracht, die anderen leben außerhalb in kleinen Konventen."

Obwohl sich Schwester Barbara im Kloster wohlfühlt und es bisher nicht bereut hat, eingetreten zu sein, hatte sie auch schon Phasen, in denen es ihr nicht gut ging. „Ich denke, das ist ganz normal. Wichtig ist dann, dass man Bezugspersonen hat, denen man sich anvertrauen kann. Bei uns menschelt es genauso wie überall. Wenn ich die Ansichten oder das Verhalten einer Mitschwester nicht verstehe, denke ich immer daran, dass Gott uns alle erwählt hat und jede von uns ihren Weg mit Gott geht. Gott liebt die Schwester, mit der ich gerade ein Problem habe, genauso wie alle anderen Menschen."

In der Liebe zu Gott und den Menschen wachsen

Bruder Matthäus Mayer, Jg. 1973,
Missionsbenediktiner, St. Ottilien

„Ich möchte ein weites Herz bekommen
und in der Liebe zu Gott und den Menschen wachsen."

Wann immer ich die Gelegenheit dazu habe, nehme ich am Stundengebet der Mönche von St. Ottilien teil. Die Psalmen, die hier mehrmals täglich gesungen werden, haben eine meditative Wirkung auf mich. Die Choralschola – eine Gruppe aus Vorsängern – singt im Wechsel mit den restlichen Mönchen. Durch die vielen Mönche, die am Stundengebet teilnehmen, ist der Gesang voluminös und erfüllt die ganze Klosterkirche. Einer der Sänger in der Schola ist Bruder Matthäus. Der 46-Jährige ist sehr musikalisch. Er spielt Flügelhorn in der Brüderblaskapelle, singt als Tenor in einem Chor für neues, geistliches Liedgut und tanzt neben Kreistänzen zu meditativer Musik auch gerne Walzer und Discofox.

Als wir uns zum ersten Mal begegnen, merke ich sofort, dass Bruder Matthäus eine große Gelassenheit ausstrahlt. Er ruht – im besten

Sinne des Wortes – in sich. Und diese Ruhe überträgt sich auch auf andere. Er begegnet seinen Mitmenschen mit großer Wertschätzung und nimmt sich Zeit für ihre Anliegen. Seine zugewandte und umsichtige Art macht ihn für viele zu einem beliebten Gesprächspartner. Das ist auch eine ideale Voraussetzung für seine Tätigkeit als Pflegehelfer auf der klostereigenen Krankenstation.

„Ich bin seit über zwölf Jahren in der Krankenabteilung tätig. Wir betreuen die Mitbrüder, die auf Hilfe angewiesen sind. Manche kommen nur zum Duschen oder Baden zu uns, weil sie Angst haben zu stürzen. Anderen verabreichen wir ihre täglichen Medikamente. Und manche müssen ihre Zelle im Wohntrakt des Klosters verlassen und komplett auf die Krankenstation umziehen. Das sind die Mitbrüder, die gar nicht mehr allein bleiben können."

Obwohl die Pflegetätigkeit nicht immer angenehm ist, weiß Bruder Matthäus, wie wertvoll es für die Alten und Kranken ist, im Haus bleiben zu können. „In den Zimmern auf der Krankenstation gibt es Lautsprecher. So können die Mitbrüder, die nicht mehr aufstehen können, die Gebetszeiten und Gottesdienste aus der Klosterkirche mitverfolgen und mitbeten. Das ist wichtig. Damit bleiben sie ein Teil unserer Gemeinschaft." Diejenigen, die das Bett zwar noch verlassen, aber nicht mehr zum Essen ins Refektorium gehen können, bekommen ihre Mahlzeiten auf der Krankenstation.

„Wir essen dann gemeinsam im Wintergarten. Bei schönem Wetter haben wir hier einen herrlichen Blick auf die Alpen. Und wenn ein wichtiges Fußballspiel im Fernsehen kommt, zum Beispiel wenn die Nationalmannschaft oder der FC Bayern spielt, schauen wir das zusammen hier an. Einige unserer älteren Mitbrüder kennen sich gut mit Fußball aus. Sie freuen sich dann, wenn wir mit ihnen ein bisschen fachsimpeln."

Für Bruder Matthäus, der schon mit 21 Jahren nach St. Ottilien gekommen ist, sind viele Mitbrüder zu Familienmitgliedern geworden. „Bei uns ist es anders als in einem Pflegeheim, in dem die Menschen nur ein paar Monate betreut werden. Wenn man sich schon so lange kennt wie ich meine Mitbrüder, hat man auch eine emotionale Bindung zueinander."

Entsprechend schwer kann dann das Abschiednehmen fallen. „Wenn wir merken, dass jemand seinen letzten Weg antritt, organisieren wir eine Gebetswache. Dann sitzt auch nachts einer von uns am Bett des Sterbenden und betet. Wir lassen in der Sterbestunde keinen allein." Über 40 Mitbrüder sind in den Jahren, die Bruder Matthäus auf der Krankenstation tätig ist, auf diese Weise in den Tod begleitet worden. „Obwohl ich fest davon überzeugt bin, dass uns auf der anderen Seite das ewige Leben und die paradiesische Herrlichkeit erwarten, geht es nicht spurlos an mir vorüber, wenn ein Mitbruder stirbt. Das macht mich schon traurig."

Neben Bruder Matthäus und seinen Mitbrüdern Julian und Lazarus arbeiten auch weltliche Krankenschwestern und ein Bundesfreiwilligendienstler auf der Krankenstation. „Wir betreuen unsere Kranken rund um die Uhr. Das wäre ohne Unterstützung von außen nicht möglich. Hinzu kommt, dass wir sämtliche Fahrten zu Ärzten und in Krankenhäuser übernehmen. Je nachdem wohin ich einen Mitbruder fahren muss, bin ich locker ein paar Stunden unterwegs. Dann fehle ich natürlich hier auf der Station."

Zusätzlich zur Arbeit auf der Krankenstation kümmert sich Bruder Matthäus auch um den Jugendzeltplatz der Erzabtei. „Da kommen viele Anfragen, die ich telefonisch oder per Mail beantworten muss. Außerdem muss ich jede Gruppe, die bei uns ankommt, persönlich empfangen und einweisen. Und vor der Abreise muss ich überprüfen, ob die Sanitäranlagen ordentlich gereinigt wurden." Darüber hinaus organisiert Bruder Matthäus die monatlich stattfindende Jugendvesper, leitet Kurse im Exerzitienhaus, ist Löschmeister bei der Klosterfeuerwehr, die auch zu Einsätzen in der Umgebung gerufen wird, und arbeitet dort mit, wo gerade Not am Mann ist. „Ich helfe, wo ich gebraucht werde: Das kann bei kleineren Reparaturarbeiten in unseren Werkstätten, bei Umbau- oder Sanierungsarbeiten oder im Herbst bei der Apfelernte sein."

Die Arbeit auf der Krankenstation liegt ihm aber ganz besonders am Herzen. „Ich sehe es als einen Akt der Nächstenliebe, wenn ich mich um meine pflegebedürftigen Mitbrüder kümmere. So habe ich das Gefühl, in der Nachfolge Christi eine sinnvolle Tätigkeit zu verrichten. Auf der anderen Seite liebe ich die Abwechslung und freue mich auch, wenn ich mal etwas anderes machen kann."

Die Ausbildung zum Pflegehelfer absolviert Bruder Matthäus erst, nachdem er schon rund zehn Jahre im Kloster ist. „Zunächst war ich neun Jahre in der Milchwirtschaft tätig. Ich habe im Stall mitgearbeitet, Kälber getränkt und gemolken. Irgendwann hat mich der Erzabt gefragt, ob ich mir vorstellen könne, auf der Krankenstation mitzuarbeiten. Das fand ich sinnvoller als die Stallarbeit und habe zugesagt." Die Ausbildung macht Bruder Matthäus in Mainz. „Ich habe in unserem Priorat auf dem Jakobsberg in Ockenheim gewohnt und die St.-Bilhildis-Fachschule für

Altenpflege besucht. Mit Anfang 30 war es nicht einfach für mich, noch einmal zur Schule zu gehen. Aber die Ausbildung war interessant und hat sich gelohnt."

Dass er noch einmal einen ganz neuen Beruf lernen würde, hätte Bruder Matthäus vor seinem Eintritt ins Kloster nicht erwartet. Überhaupt hatte er sich einiges ganz anders vorgestellt. „Ich habe gedacht, dass es hier besinnlicher zugeht. Dass es hier auch mal richtig stressig werden kann, hätte ich mir nicht vorstellen können. Manchmal kommt mir das Miteinander zu kurz. Jeder von uns hat seinen Job und seine Aufgaben. Da bleibt oft nicht viel Zeit für persönliche Gespräche. Auf der anderen Seite genieße ich unsere schönen Gottesdienste, das Choralsingen und das geistliche Umfeld."

Aufgewachsen in einer gut katholischen Familie mit zwei älteren Schwestern und einer sehr liebevollen Mutter, merkt Bruder Matthäus, der 1973 in Ulm geboren und auf den Namen Reinhard getauft wird, schon früh, dass ihn religiöse Themen interessieren. „Für mich war es selbstverständlich, nach der Erstkommunion Ministrant zu werden. Mein Elternhaus steht in unmittelbarer Nachbarschaft der Kirche in Holzheim. Das ist der kleine Ort im Landkreis Neu-Ulm, in dem ich aufgewachsen bin. Wir haben sonntags immer den Gottesdienst besucht und auch zu Hause vor dem Mittagessen zusammen gebetet. Das war für uns ganz normal. Dass ich allerdings einmal Mönch werde, stand nie zur Diskussion. Eigentlich wollte ich heiraten, eine Familie gründen und ein Haus bauen."

Doch während der Pubertät beginnt Reinhard, sich zunehmend für die Bücher seiner Eltern zu interessieren. „Zu Hause gab es viel christliche Literatur. So mit 15 habe ich angefangen, diese Bücher zu lesen. Damals hat mich meine Mutter auch zum ersten Mal zu einer Wallfahrt nach Marienfried mitgenommen. Das war ein beeindruckendes Erlebnis." Ein Buch über das Leben von Heiligen hat es Reinhard besonders angetan. „Da gab es für jeden Tag ein Kapitel über den Tagesheiligen. Das habe ich immer gelesen. Je mehr ich mich damit beschäftigt habe, desto faszinierender fand ich die einzelnen Lebensgeschichten. Die Heiligen haben für Jesus, für ihren Glauben, gelebt. Sie haben Schätze für den Himmel, für das ewige Leben, gesammelt. Plötzlich spürte ich tief in mir den Wunsch, auch für Gott leben zu wollen. Wenn ich auf einer Party war, war das zwar cool, aber es hat mich nicht erfüllt. Am nächsten Morgen war alles wieder so grau wie vorher. Mein Glaube und mein persönliches Gebet haben mich innerlich viel glücklicher und zufriedener gemacht."

Was in ihm vorgeht, erzählt Reinhard niemandem. Nach dem Schulabschluss beginnt er eine Ausbildung als Bauschlosser. „Mit meinen Arbeitskollegen konnte ich nicht über meinen Glauben sprechen. In der Werkstatt gab es ganz andere Themen. Da hätte so etwas nicht hingepasst." Nur innerhalb der Familie gibt es Gespräche zu Glaubensthemen. „Als ich 19 war, habe ich zusammen mit meinem Vater zum ersten Mal Schweigeexerzitien gemacht. Eine Woche lang haben wir uns ganz auf das Gebet, die Stille und den Glauben konzentriert. Das hat mir sehr gutgetan und war eine tiefgehende Erfahrung für mich. Danach habe ich immer wieder darüber nachgedacht, ob ein Ordensleben für mich infrage kommen könnte."

Zunächst liebäugelt Reinhard mit den Trappisten. „Ich fand es faszinierend, allem Weltlichen zu entsagen und ein zurückgezogenes, kontemplatives Leben in Stille und Askese zu führen. Heute bin ich sehr froh, dass ich mich dann doch für St. Ottilien entschieden habe." Er lacht.

„Mein Vater war einmal hier und hat einen Prospekt mit nach Hause gebracht." Reinhard fühlt sich davon sehr angesprochen und meldet sich für *Kloster auf Zeit* an. „Dieses Mitleben in der Gemeinschaft gibt es auch heute noch. Das ist sehr wertvoll, wenn man mit dem Gedanken spielt, in ein Kloster einzutreten. Man lernt die Leute und den Tagesablauf ein bisschen kennen und kann sich ein gutes Bild machen." Reinhard gefällt es in St. Ottilien. „Neben dem Klosterleben und den Mitbrüdern hat mir auch die Lage des Klosters gut gefallen. Dass man bei schönem Wetter die Alpen sehen kann, finde ich auch heute noch wunderschön. Seit meiner Kindheit liebe ich die Berge. Ein Blick aus dem Fenster erinnert mich an viele schöne Wandertouren."

Doch bevor Reinhard endgültig in St. Ottilien eintreten kann, muss er noch den Wehrdienst absolvieren. „Nachdem ich meine Ausbildung abgeschlossen hatte, bin ich zur Bundeswehr gegangen. Danach habe ich noch ein halbes Jahr in meinem Beruf gearbeitet, dann habe ich meinen Koffer gepackt und bin nach St. Ottilien gefahren." Reinhard ist kein Mann der großen Worte. Wenn er eine Entscheidung getroffen hat, diskutiert er nicht lange, sondern zieht sie durch. „Ich kann mich eigentlich nicht gut entscheiden. Meistens wäge ich lange ab. Aber wenn ich mich mal entschieden habe, dann stehe ich dazu."

Und so tritt Reinhard im Frühjahr 1994 mit 21 Jahren in St. Ottilien ein. „Am Anfang habe ich sehr zurückgezogen gelebt. Ich habe die Aufgaben erledigt, die mir aufgetragen wurden, war viel auf meinem Zimmer und habe die Ruhe und die Stille gesucht. Ich war nie im Gästehaus und habe den Klausurbereich so selten wie möglich verlassen. Das war wichtig für mich, um hier erst mal anzukommen und Wurzeln schlagen zu können." Wer den aufgeschlossenen, lebensfrohen und umtriebigen Bruder Matthäus – wie er seit dem Eintritt ins Noviziat heißt – von heute kennt, kann sich das kaum vorstellen.

„Ich hatte früher Angst vor einem strengen, strafenden Gott. Da wollte ich alles richtig machen. Schon als Kind und Jugendlicher hatte ich schnell ein schlechtes Gewissen, wenn ich mal – in Maßen – über die Stränge geschlagen habe. Sex vor der Ehe wäre für mich zum Beispiel undenkbar gewesen. Da habe ich lieber auf eine Freundin verzichtet. Und so war es auch im Kloster: Ich wollte alles richtig machen und ein frommes, gottgefälliges Leben führen. Inzwischen hat sich mein Gottesbild verändert. Ich weiß, dass Gott unser liebender Vater ist, der uns immer wieder mit offenen Armen aufnimmt. Auch wenn wir mal einen Fehler machen. Dieser Erkenntnisgewinn war ein langer Prozess für mich. Heute kann ich mit Gott wie mit einem guten Freund sprechen. Ich kann offen und ehrlich vor ihn treten. Er weiß sowieso, was in mir vorgeht. Er kennt mich besser, als ich mich selbst kenne. Vor ihm habe ich keine Geheimnisse. Ich bitte ihn um Führung, Hilfe und Leitung im Leben. Er gibt mir Stabilität und Gelassenheit. Ich möchte ein weites Herz bekommen und in der Liebe zu Gott und den Menschen wachsen."

Dass Bruder Matthäus auf dem richtigen Weg ist, merkt man, wenn man einen seiner Kurse besucht. „Seit vielen Jahren bin ich im Team des Silvesterkurses und habe auch viele Jahre die Kar- und

Ostertage für junge Erwachsene begleitet. Da war der Austausch mit den Kursteilnehmern immer sehr wertvoll für mich. Die Leute, die hierherkommen, haben den Wunsch, im Glauben zu wachsen. Die meisten sind christlich sozialisiert. Manche sind selbst sehr aktiv in der Kirchenarbeit. Andere wollen über einen Kurs bei uns den Weg zurück zum Glauben finden. Da gibt es die unterschiedlichsten Beweggründe. Wichtig ist, dass alle Teilnehmer auf ihre Kosten kommen. So gibt es Zeiten des Gebets und der Stille sowie Zeiten des Singens und Feierns. Gerade an Silvester kommt auch die Party nicht zu kurz." Wenn die Stimmung dann besonders gut ist, schwingt Bruder Matthäus gerne mal das Tanzbein. „Ich habe als Jugendlicher einen Tanzkurs gemacht. Walzer und Discofox mag ich am liebsten. Und wenn ich die Gelegenheit zu tanzen habe, nutze ich sie."

Seit ein paar Jahren bietet Bruder Matthäus eigene Kurse an, die er selbst konzipiert und leitet. „Nachdem ich viel Erfahrung als Teamer gesammelt hatte, war es an der Zeit, was Eigenes auf die Beine zu stellen. Es macht mir Spaß und erfüllt mich, wenn ich ein Thema auswähle, das bei den Teilnehmern gut ankommt. Bei einem Kurs ging es beispielsweise darum, seinen eigenen Talenten und Fähigkeiten auf die Spur zu kommen. Eben dem, was Gott uns geschenkt hat. Viele Menschen sind defizitorientiert. Sie sind traurig über das, was sie nicht können. Dabei wurden wir alle reich beschenkt. Wir sehen es nur manchmal nicht. Im Laufe des Kurses sind einige Teilnehmer regelrecht aufgeblüht und über sich hinausgewachsen. Das hat mich riesig gefreut."

Doch nicht nur als Kursleiter, auch bei der monatlich stattfindenden Jugendvesper ist Bruder Matthäus ganz in seinem Element.

„Ich organisiere die Band, die an diesem Abend in der Klosterkirche spielt. Außerdem kümmere ich mich um die Tontechniker, die den Sound mischen, und darum, dass die speziellen Liedordner in ausreichender Menge in der Kirche ausliegen. Mehrmals pro Jahr halte ich die Jugendvesper auch selbst. Das finde ich besonders schön. Es macht mir Spaß, ein Thema auszuarbeiten und passende Lieder auszuwählen." Mehrere Hundert Menschen besuchen die Jugendvespern im Durchschnitt. „Auch wenn die Leute inzwischen etwas älter geworden sind und nicht mehr so viele Jugendliche kommen wie in der Anfangszeit, freue ich mich immer auf die Jugendvesper. Es ist eine schöne Abwechslung zu unserem ansonsten sehr strukturierten Klosterleben."

Dass Bruder Matthäus bei den vielen Aufgaben, die er hat, trotzdem so gelassen und ruhig bleibt, ist bisweilen verwunderlich. Dabei ist seine Erklärung ganz einfach: „Ich ruhe in Gott. Ich meditiere mehrmals täglich – auch wenn es manchmal nur ein paar Minuten sind. Das gibt mir Kraft und Gelassenheit. Ich rege mich so wenig wie möglich auf. Dinge, die ich sowieso nicht ändern kann, nehme ich an, wie sie sind. Ansonsten ist es verschwendete Energie. Außerdem mache ich mir selten Sorgen. Ich male mir nie irgendwelche Horrorszenarien aus oder überlege, was alles passieren könnte. Ich vertraue auf Gott. Unser Chorgebet hat eine meditative Wirkung auf mich. Wenn ich mich beispielsweise vor der Vesper über etwas geärgert habe, ist dieser Ärger danach meistens schon verflogen. Nach der Vesper kann ich deshalb am besten meditieren. In der Regel nutze ich die Zeit vor dem Abendessen dafür. Dann kann ich alles, was am Tag war, hinter mir lassen und zur Ruhe kommen. Außerdem kann ich in der

Natur gut Kraft tanken. Egal, ob es nur ein Spaziergang rund um das Kloster ist oder eine Bergtour. Gottes Schöpfung ist ein großes und wunderbares Geschenk. Das erfüllt mein Herz mit Freude und Dankbarkeit."

Wann immer sich die Gelegenheit bietet, geht Bruder Matthäus auch seinem Auftrag als Missionsbenediktiner nach. „Obwohl ich nicht im Ausland bin, kann ich missionarisch tätig sein. Hier bei uns auf dem Gelände sind immer viele Besucher. Wenn ich eine Klosterführung gebe oder mit den Gästen ins Gespräch komme, ist es mir wichtig, meinen Glauben weiterzugeben. Ich spreche auch mit den Jugendlichen auf dem Zeltplatz und lade sie in die Klosterkirche ein. Wenn jemand einem Christen begegnet, sollte derjenige das auch merken. Ich finde, wir Christen sollten uns von der Ellbogengesellschaft unterscheiden. Es ist mir ein Anliegen, ein positives Gottesbild in die Welt zu tragen."

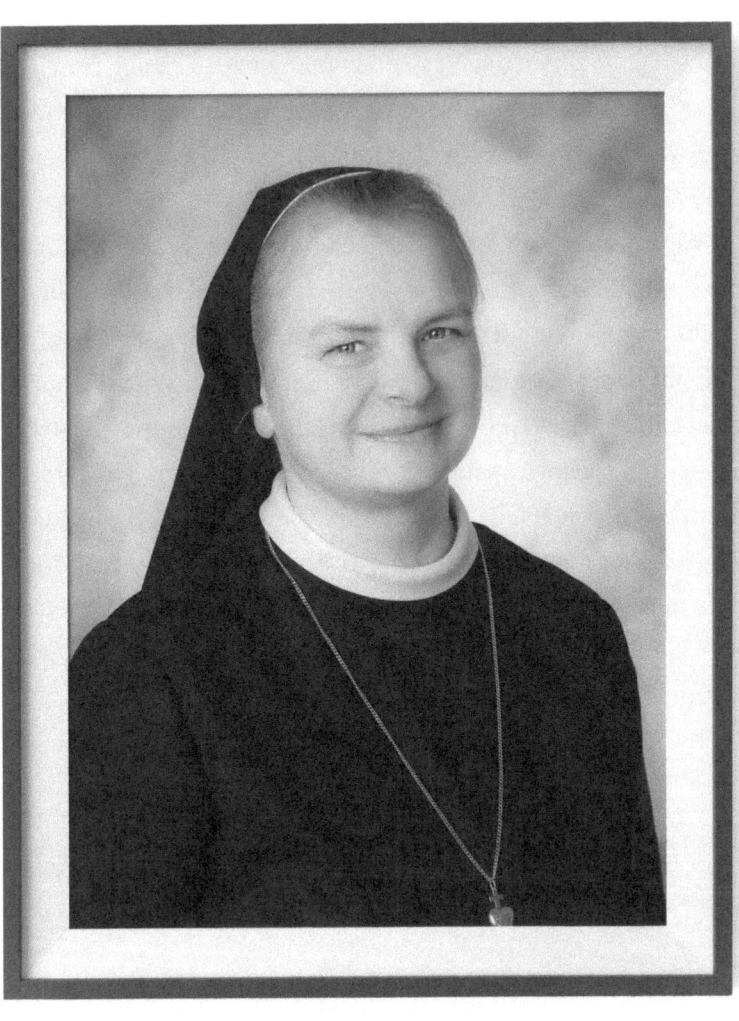

Den Willen Gottes leben
und glücklich sein

Schwester Yvonne Wanke, Jg. 1971,
Anbeterin des Blutes Christi, Maria Baumgärtle

„Ich möchte nach Gottes Willen leben.
Auf diese Weise bin ich sehr glücklich geworden."

Schwester Yvonnes Freude ist groß, als ich sie in Maria Baumgärtle
besuche. Sie empfängt mich herzlich. Seit 14 Jahren lebt sie nun
schon in diesem kleinen Wallfahrtsort im Unterallgäu. Viele Men-
schen pilgern hierher, um vor dem Gnadenbild der Muttergottes
zu beten oder sich von ihren Sünden lossprechen zu lassen. Außer
dienstags hören die Missionare vom Kostbaren Blut hier täglich die
Beichte. Schwester Yvonne arbeitet im Sekretariat mit und empfängt
die Besucher an der Pforte. Die gebürtige Polin gehört dem Orden
der Anbeterinnen des Blutes Christi an, der 1834 von der heiligen
Maria De Mattias in Italien gegründet wurde. Ihre liebevolle Art
macht es den Menschen leicht, mit ihr ins Gespräch zu kommen. Sie
ist eine geduldige und empathische Zuhörerin. „Ich weiß, dass jeder
Mensch kostbar ist. Und so betrachte ich meine Gesprächspartner.

Sie können mit mir ihre Sorgen und Anliegen teilen. Ich bringe sie dann im Gebet vor Jesus."

Schwester Yvonne wird 1971 im südpolnischen Tichau geboren. Sie wächst zusammen mit zwei älteren Schwestern und einem jüngeren Bruder in einem katholischen Elternhaus auf. „Bei uns zu Hause gab es in jedem Zimmer ein Kreuz. Im Schlafzimmer meiner Eltern hing ein großes Bild, auf dem Jesus als guter Hirte dargestellt war. Mit einem Schaf auf seinen Schultern. Das hat mich als Kind sehr beeindruckt. Mein Gottesbild von einem liebenden und fürsorglichen Gott wurde damals geprägt. Ich denke, Gott ist ein gerechter Richter. Wenn ich Gutes tue, gibt er mir seinen Segen. Und wenn ich Böses tue, strafe ich mich letztendlich selbst. Die meisten Menschen in Polen waren sehr gläubig. Es war selbstverständlich, sonntags den Gottesdienst zu besuchen. Allerdings gab es in unserer näheren Umgebung keine Kirche. Die nächste lag rund fünf Kilometer entfernt. Diese Strecke gingen wir meistens zu Fuß. Nur im Winter fuhren wir mit dem Auto."

Erst als Yvonne schon zur Schule geht, wird in unmittelbarer Nähe ihres Elternhauses eine Kirche gebaut. „Unter Leitung eines Pfarrers trafen sich die Männer am Abend nach der Arbeit und samstags auf der Baustelle. Sie haben in Eigenleistung eine neue Kirche errichtet. Alle haben sich daran beteiligt. Auch unser Vater. Im Kommunismus hatte die Kirche einen großen Einfluss. Die Menschen haben durch sie die Wahrheit erkannt. Und für diese Wahrheit haben sie dann auch gekämpft."

Weil es in der Schule keinen Religionsunterricht gibt, übernehmen die Pfarreien diese Aufgabe. „Als unsere neue Gemeinde gegründet wurde, kamen fünf Elisabethschwestern zu uns. Sie haben uns zusammen mit vier Pfarrern unterrichtet." Diese Schwestern beeindrucken Yvonne. „Ich habe damals oft gedacht: Wenn ich groß bin, möchte ich auch eine Elisabethschwester werden. Ich wollte Jesus dienen. Ihm ganz und gar gehören und ihm helfen, alle Seelen zu retten."

Doch diese Gedanken behält das Mädchen für sich. „In Polen gab es zu dieser Zeit leider noch keine Ministrantinnen. Aber die Elisabethschwestern haben eine kirchliche Freizeitgruppe für Mädchen gegründet: die Marienkinder. Da habe ich mitgemacht. Nach der Erstkommunion haben wir uns jeden Samstag getroffen. Wir haben gemeinsam gesungen, Geschichten aus der Bibel oder Heiligenlegenden gehört und mehr über Gott erfahren. Als wir älter waren, haben wir auch Andachten vorbereitet und geholfen, die Sakristei und die Gemeinderäume zu putzen. Außerdem haben wir mit den Schwestern Ausflüge gemacht und an Exerzitien teilgenommen. Später habe ich zusammen mit einer Freundin selbst eine Gruppe geleitet."

1988 – Yvonne ist inzwischen 17 Jahre alt – fährt sie zusammen mit ihren Eltern und dem jüngeren Bruder nach Deutschland. „Als wir losgefahren sind, war uns noch nicht klar, dass wir auswandern würden. Wir wollten Verwandte besuchen und das Land kennenlernen." Doch dann kommt alles anders. „Da wir aus Oberschlesien stammen, wurde uns die deutsche Staatsbürgerschaft zuerkannt, und so hatten wir die Möglichkeit zu bleiben." Eltern und Bruder sind dafür – Yvonne ist dagegen. „Ich wollte der Familie aber nicht im Weg stehen, also habe ich angeboten, allein zurückzufahren nach Polen. Ich hatte nur noch zwei Jahre bis zum Abitur und wollte die Schule beenden. Außerdem hatte ich ja immer noch den Wunsch, bei den Elisabethschwestern einzutreten. Es erschien mir unmöglich, in Deutschland ein passendes Kloster zu finden. Ich konnte die Sprache nicht und kannte niemanden." Doch die Eltern dulden den Alleingang der Tochter nicht. „Ich hatte in Polen schon mit 17 den Führerschein gemacht. Also versprachen mir die Eltern ein eigenes Auto, sobald es die finanziellen Mittel zulassen würden. Damit überredeten sie mich schließlich, in Deutschland zu bleiben."

Die ersten Monate sind hart für Yvonne. Nach einer Woche im Auffanglager und einer Zwischenstation in Grafenwöhr kommt die Familie ins unterfränkische Wildflecken. „Dort lebten wir zusammen mit neun anderen Personen in einer Wohnung. Unsere Familie hatte nur ein kleines Zimmer. Küche und Bad mussten wir mit den anderen teilen. Am schlimmsten für mich persönlich war aber, dass ich nichts zu tun hatte. Meine Eltern besuchten einen Sprachkurs. Mein Bruder ging zur Schule und ich wartete tatenlos auf einen Platz im Internat. Damals habe ich viel gebetet. Und sonntags, wenn wir den Gottesdienst besuchten, kamen mir oft die Tränen. Das war eine sehr schwere Zeit für mich."

Ein halbes Jahr vergeht, bis Yvonne endlich einen Internatsplatz in Bad Neustadt an der Saale bekommt. „Dort machte ich einen Sprachkurs und besuchte die Vorbereitungsklasse für die Fachoberschule. Gott sei Dank wurde meine polnische Schulausbildung anerkannt. So konnte ich mir immerhin den Realschulabschluss bescheinigen lassen. Das genügte mir und ich beschloss, lieber zu arbeiten, als weiter zur Schule zu gehen."

Yvonne bekommt in der Nähe von Schweinfurt eine Stelle als

Kinderpflegerin. „Das war gut, denn auch meine Eltern lebten inzwischen dort."

Doch obwohl Yvonne die Arbeit im Kindergarten Spaß macht und sie sich mit den Kolleginnen gut versteht, spürt sie eine innere Leere. „Ich hatte eine große Sehnsucht nach Gott. Häufig bin ich am Abend nach der Arbeit in eine Kirche gegangen. Ich habe gebetet und Gottesdienste besucht, aber das war einfach nicht genug. Immer wieder kam der Gedanke an das Ordensleben in mir hoch. Ich habe gebetet: ‚Jesus, wenn du willst, dass ich ins Kloster gehe, dann musst du mir helfen. Zeig mir den Weg, den ich gehen soll.'

Dann habe ich in der Kirche ein Buch gefunden, in dem Ordensfrauen ihre Berufungsgeschichten schilderten. Das Buch hat mich sehr gefesselt. Ich habe meine eigenen Gedanken und Gefühle in den Geschichten wiederentdeckt. In dem Buch gab es auch Adressen von Frauengemeinschaften, unter anderem von den Schwestern des Erlösers in Würzburg." Yvonne nimmt ihren ganzen Mut zusammen und ruft dort an.

„Das Telefonat war angenehm und ich wurde auch gleich zu einem persönlichen Gespräch eingeladen. Meinen Eltern habe ich davon nichts erzählt. Ich wollte erst einmal für mich selbst Klarheit haben." Als Yvonne der Novizenmeisterin erzählt, wie sie sich fühlt und wie lange sie schon darüber nachdenkt, ins Kloster zu gehen, lautet deren Antwort: „Ich glaube, du hast eine Berufung. Gott ruft dich!" Yvonne ist beflügelt von diesen Worten und beschließt, bei ihrem nächsten Urlaub in Polen im Provinzhaus der Elisabethschwestern vorstellig zu werden. „Zu den Schwestern des Erlösers habe ich aber auch Kontakt gehalten. Ich war immer wieder zu Gesprächen und Einkehrtagen in Würzburg."

Als Yvonne schließlich zu den Elisabethschwestern fährt, ist sie nicht ganz sicher, ob sie das Richtige tut. „Ich habe gebetet: ‚Jesus, hilf mir. Bitte gib mir ein Zeichen! Wenn ich vor dem Haus eine Schwester treffe, bedeutet das, dass ich hineingehen soll.' Aber ich habe niemanden getroffen. Also bin ich unverrichteter Dinge wieder nach Hause gefahren." Yvonne ist verunsichert. Welche Pläne hat Gott für sie? In welcher Gemeinschaft will er sie haben?

„Als ich zurück in Deutschland war, gab es einen Trauerfall in unserer Familie. Ein Onkel verstarb und meine Tante ließ eine heilige Messe in polnischer Sprache für ihn lesen. Dieser Gottesdienst hat mich tief bewegt. Plötzlich habe ich gespürt, wie sehr es mich berührt, wenn die Liturgie in meiner Muttersprache gefeiert wird." Von da an besucht Yvonne regelmäßig Gottesdienste in polnischer Sprache. „Eines Sonntags fiel mir während der Kommunion eine Ordensschwester auf, die ich noch nie gesehen hatte. Nach der Messe kam ich kurz mit ihr ins Gespräch. Ich erfuhr, dass sie mit zwei Mitschwestern in der Polnisch-Katholischen Mission in Würzburg tätig war."

Dieses Gespräch lässt Yvonne nicht mehr los. Tagelang überlegt sie, wie sie Kontakt zu den Schwestern aufnehmen kann. „Schließlich habe ich den polnischen Pfarrer gefragt und er gab mir die Telefonnummer." Die Schwestern freuen sich über Yvonnes Anruf und laden sie zu sich ein. „Ich habe ihnen erzählt, wie sehr ich mich danach sehne, ins Kloster zu gehen. Und dass ich bereit bin, alles zu tun, was der Herr von mir will. Da haben sie mir empfohlen, Exerzitien in Zakopane zu machen."

Zakopane liegt in den polnischen Bergen. „Das ist ein sehr schöner Ort. Dort werden – speziell für junge Leute – einwöchige

Exerzitien angeboten. Der Kurs hat mir gut gefallen. Aber ich habe vor allem darauf gewartet, dass Gott mir ein Zeichen gibt. Gegen Ende der Woche haben wir eine Wanderung gemacht. Auf dem Weg habe ich gebetet: ‚Wenn heute das Wort Tschenstochau fällt, ist das ein Zeichen, dass ich dorthin fahren und ins Kloster eintreten soll.‘ Plötzlich ging die Exerzitienleiterin neben mir her und erzählte mir von ihrer Berufung. Ich habe interessiert zugehört." Als die Wanderung schon fast zu Ende ist, fällt endlich das entscheidende Wort: Tschenstochau. „Es war das letzte Wort, das sie zu mir gesagt hat."

Für Yvonne ist es das innig herbeigesehnte Zeichen. „Direkt im Anschluss an die Exerzitienwoche fuhr ich dorthin, um mich im Kloster der Anbeterinnen des Blutes Christi vorzustellen." In Tschenstochau liegt ein bedeutender Wallfahrtsort der katholischen Kirche, der jährlich von bis zu vier Millionen Pilgern besucht wird: das Paulinenkloster mit der wundertätigen Ikone der Schwarzen Madonna.

„Das Gespräch mit der Novizenmeisterin verlief sehr gut." Yvonne ist es wichtig, Weihnachten noch einmal mit ihrer Familie verbringen zu können. Deshalb vereinbart sie als Eintrittstermin den 6. Januar. „Als ich auf der Rückfahrt war, fühlte ich mich sehr befreit und glücklich. Andererseits hatte ich auch Angst vor der Reaktion meiner Eltern. Ich wusste nicht, wie ich ihnen sagen sollte, dass ich in ein Kloster in Polen eintreten wollte. Schließlich hatten sie ihre Heimat verlassen, um meinem Bruder und mir in Deutschland eine bessere Zukunft bieten zu können." Yvonne sucht Beistand im Gebet, aber die passende Gelegenheit für ein Gespräch mit den Eltern will sich einfach nicht ergeben.

„Eines Abends, ich hatte nach der Arbeit noch den Gottesdienst besucht, erwartete mich zu Hause eine Überraschung. Meine Mutter erzählte mir, dass meine Eltern mit mir zusammen ein Haus kaufen wollten. Es sollte unser gemeinsames Eigenheim werden. Und ich sollte mich mit meinem Gehalt an der Finanzierung beteiligen." Yvonne erschrickt. „Ich wusste im ersten Moment gar nicht, wie ich reagieren sollte. Dann habe ich gesagt: ‚Nein, ich gehe zurück nach Polen!'" Die Mutter ist verdutzt. „Sie fragte mich: ‚Was soll das heißen? Wo willst du wohnen? Bei deiner älteren Schwester?' Das habe ich verneint. Dann fragte sie weiter: ‚Hast du einen Freund in Polen?' Ich schüttelte den Kopf. Und schließlich hatte sie die richtige Eingebung: ‚Gehst du ins Kloster?' Da habe ich genickt."

Yvonne ist erleichtert, dass sie nun endlich offen über ihre Pläne sprechen kann. „Die folgenden Wochen waren aber trotzdem nicht einfach. Meine Eltern waren traurig. Sie konnten sich mit dem Gedanken, dass ich von zu Hause weggehe, nur sehr schwer anfreunden. Aber sie haben auch gesagt, dass ich jederzeit zurückkommen kann, falls ich mich irgendwann anders entscheiden sollte. Das hat mir gutgetan."

Am 6. Januar 1994 ist es so weit: Die 22-jährige Yvonne tritt ins Kloster der Anbeterinnen des Blutes Christi in Tschenstochau ein. „Gleich am ersten Morgen rief meine Mutter an, um zu fragen, ob sie mich wieder abholen soll. Sie konnte einfach nicht glauben, dass ich meine Entscheidung ernst meinte."

Obwohl Yvonne ganz sicher ist, sich richtig entschieden zu haben, hat sie in der ersten Zeit im Kloster bisweilen Sehnsucht nach ihrer Familie. „Für mich war es besonders schwierig, wenn meine Mutter anrief. Ich habe immer gespürt, dass sie große Sehnsucht nach mir hat. Erst als ich meine Gelübde abgelegt habe, haben meine Eltern gesehen, dass ich glücklich bin. Jetzt denken sie, dass das der richtige Weg für mich ist." Ihren Taufnamen darf Yvonne im Kloster weiterhin tragen. Es wird lediglich der Zusatz „Schwester" vorangestellt.

Inzwischen sind 25 Jahre vergangen. Heute blickt Schwester Yvonne voll Dankbarkeit auf ihr bisheriges Ordensleben zurück. „Nach meinem Noviziat habe ich das Abitur nachgeholt und Sozialpädagogik studiert. Das war eine gute Ergänzung zu meiner Erfahrung, die ich während meiner Arbeit im Kindergarten gesammelt habe. Nach Abschluss des Studiums habe ich zusammen mit zwei Mitschwestern in Warschau in einer Kindertagesstätte gearbeitet. Das hat mich sehr erfüllt. Und ich dachte, das sei nun mein Platz. Aber die Ordensleitung hatte andere Pläne. Plötzlich hieß es, dass ich nach Deutschland gehen soll. Das war nicht leicht für mich. Aber da wir keine Stabilitas geloben, also nicht unser ganzes Leben lang im selben Kloster bleiben müssen, und zum Gehorsam verpflichtet sind, muss man dorthin gehen, wo man gebraucht wird."

Nun lebt und arbeitet Schwester Yvonne bereits seit 14 Jahren in Maria Baumgärtle. Seit dem 18. Jahrhundert kommen Pilger hierher, um vor einem Gnadenbild der Muttergottes zu beten und sie um Hilfe zu bitten. „Ich lebe hier zusammen mit einer polnischen Mitschwester, fünf Patres und einem Bruder der Missionare vom kostbaren Blut. Meine Aufgabe ist es, das Sekretariat zu führen und Wallfahrer und Besucher zu betreuen. Ich habe viel Kontakt zu Menschen: Wenn jemand an die Pforte kommt, höre ich ihm zu und schenke ihm meine Zeit. Außerdem bete ich für sein Anliegen. Mir ist es wichtig, dass ich jede Person so wahrnehme, wie sie ist. Manchmal muss ich gar nicht viel sagen. Es reicht, dass ich zuhöre. An der Pforte fließen auch oft Tränen, weil die Menschen verzweifelt sind. Dann gehe ich mit ihnen zu unserer Muttergottes, um zu beten. Ganz besonders freue ich mich, wenn Kinder kommen. Ihnen schenke ich dann gerne ein Bildchen, auf dem der Gute Hirte oder Maria zu sehen ist. Mittlerweile bin ich mit Freude hier in Maria Baumgärtle. Wenn man Gottes Willen annimmt, dann schenkt er Kraft und Gnade. Das spüre ich jeden Tag."

Eine intensive Gottesbeziehung ist für Schwester Yvonne sehr wichtig. „Am Morgen bete ich mit meiner Mitschwester in polnischer Sprache. Danach ziehen wir uns zur Bibelbetrachtung in die Stille zurück. Um 7.30 Uhr feiern wir zusammen mit den Patres, Pilgern und anderen Gottesdienstbesuchern die heilige Messe. Zur Mittagszeit und am Abend beten wir – ebenfalls gemeinsam mit den Patres – in der Kapelle. Darüber hinaus beten wir jeden Tag gemeinsam den Rosenkranz.

Für mich ist es aber auch wichtig, dass ich genügend Zeit finde, um in Stille vor Jesus da zu sein. Ich schaue ihn an und lasse mich von ihm anschauen. Ich gebe ihm meine Liebe und nehme seine große Liebe an. Das, was Maria im Magnifikat zum Ausdruck bringt, berührt mich zutiefst. ‚Meine Seele preist die Größe des Herrn.' Außerdem ist das Vaterunser für mich ein sehr kostbares Gebet. Es hat mich intensiv auf meinem Weg ins Kloster begleitet. Ich möchte nach Gottes Willen leben. Auf diese Weise bin ich sehr glücklich geworden."

Gott das Beste schenken,
was ich habe – mich selbst

Schwester Emmanuela Hartmann, Jg. 1960,
Barmherzige Schwester
vom heiligen Vinzenz von Paul, Augsburg

„Es ist für mich eine Berufung in der Berufung,

suchenden Menschen zu helfen,

mehr aus ihrem Leben zu machen."

Menschen zu fördern – in ihrem Menschsein und in ihrem Christ-
sein –, das ist für Schwester Emmanuela der Sinn ihres Lebens. Seit
vielen Jahren begleitet die Ordensfrau suchende Menschen dabei,
ihren Platz in der Welt zu finden. Dabei geht sie oft neue Wege und
leistet Pionierarbeit, wenn es darum geht, passende und anspre-
chende spirituelle Angebote zu entwickeln. Egal, ob bei der City-
Seelsorge in Kempten, für die sie jahrelang tätig war, oder im Haus
der Berufung: Im Zentrum ihrer Arbeit steht immer der Wunsch,
andere dabei zu unterstützen, als Mensch und als Christ zu wach-
sen.

Schwester Emmanuela kommt 1960 in Neuwied im Rheinland zur Welt. Sie wird auf den Namen Elke getauft und ist das älteste von drei Kindern. Die Mutter ist katholisch, der Vater Atheist. Die Mutter besucht sonntags den Gottesdienst, stellt es den Kindern aber frei, sie zu begleiten. „Manchmal sind wir aus Liebe zu ihr mitgegangen. Sie hat uns aber nie dazu überredet oder gezwungen. Das war immer freiwillig."

Als Elke sechs Jahre alt ist, beschließen die Eltern, nach Südafrika auszuwandern. „Unser Vater wollte die Welt kennenlernen. Er hatte einen Arbeitskollegen, der schon in Südafrika war und ihm immer begeistert davon erzählt hat." So bricht die Familie 1966 zu ihrer großen Reise auf. In Südafrika arbeitet der Vater – wie zuvor schon in Deutschland – in einer Eisengießerei. Allerdings unter deutlich besseren Bedingungen als in der Heimat. „Hierzulande wurde damals schon im Akkord gearbeitet, das war dort völlig unbekannt. Außerdem waren die Lebenshaltungskosten im Verhältnis zum Einkommen viel geringer als in Deutschland. Wir hatten ein tolles Haus mit Garten. Es ging uns sehr gut. Südafrika ist ein wunderschönes Land. Vor allem die Weite der Landschaft hat mich sehr geprägt. Sie ist in mir zu einer inneren Weite geworden."

Elke und ihre Schwester besuchen eine Privatschule, die von Dominikanerinnen geleitet wird. Dort werden die Mädchen in drei Sprachen unterrichtet: Englisch, Französisch und Afrikaans. „Zusätzlich mussten wir samstags in die deutsche Schule gehen. Das haben wir natürlich nicht gerne gemacht. Alle anderen Kinder hatten an diesem Tag frei. Im Nachhinein war es aber sehr vorausschauend von unseren Eltern, dass sie uns in den Deutschunterricht geschickt haben."

Ihr erstes tiefgreifendes religiöses Erlebnis hat Elke mit neun Jahren. „Wir wurden von den Dominikanerinnen intensiv auf die Erstkommunion vorbereitet. Die Schwester, die uns unterrichtete, erklärte uns sehr anschaulich, was es heißt, den Leib Christi zu empfangen. Sie sagte, dass es das größte Geschenk sei, das Gott den Menschen geben könne. Das hat mich sehr beschäftigt und ich habe mich gefragt, was ich Gott zurückgeben kann. Weil ich selbst keine Antwort auf diese Frage finden konnte, habe ich zu Hause meine Mutter gefragt." Doch mit deren Vorschlag ist Elke nicht einverstanden. „Sie sagte, ich solle ein paar Blümchen für den Altar kaufen. Das schien mir viel zu wenig zu sein."

Bis zur Erstkommunion lässt Elke die Frage nicht mehr los. Immer wieder denkt sie darüber nach, was ein angemessenes Geschenk für Gott sein könnte. „Dann hatte ich eine Idee: Wenn Gott sich den Menschen schenkt, dann musste ich mich Gott schenken. Das habe ich während der Erstkommunionfeier gemacht. Ich habe gesagt: ‚Ich schenke mich dir und du darfst mit mir machen, was du möchtest.' Das war ein ganz eindringliches Gefühl. So einen intensiven Gottesdienst wie an diesem Tag habe ich danach nie wieder erlebt. Im Nachhinein denke ich, dass das bereits der erste Schritt hin zu meiner Berufung war."

Mitte der 70er-Jahre herrschen in einigen afrikanischen Ländern bürgerkriegsähnliche Zustände und die schöne Zeit in Südafrika endet. „Als es in Mosambik und Rhodesien zu Umstürzen kam, beschlossen meine Eltern, das Land wieder zu verlassen. Für eine Familie mit drei Kindern war die politische Lage zu unsicher. Eigentlich war der Plan unseres Vaters, nach Australien weiterzuwandern. Aufgrund familiärer Umstände gingen wir aber zurück nach Deutschland. Da unser Vater gerne in die Berge wollte und unsere Eltern das Allgäu von ihrer Hochzeitsreise kannten, sind wir nach Kempten gezogen."

Für die Kinder ist der Neustart in Deutschland nicht leicht. Sie kennen das heimische Schulsystem nicht und die 15-jährige Elke ist ohnehin der Ansicht, dass sie keine Schule mehr besuchen muss. „Unsere Mutter hat uns dann versprochen, dass sie sich in Kempten nach einer englischen Schule erkundigt. Das war ein Kompromiss. Im Telefonbuch fand sie die Mädchenrealschule der Englischen Fräulein. Als sie dorthin ging, um uns anzumelden und sich auf Englisch bei der Schwester an der Pforte vorstellte, wurde sie jedoch unmissverständlich darauf hingewiesen, dass die Schulsprache Deutsch sei." Das war zwar eine Überraschung, aber dennoch meldet die Mutter die Töchter an.

Und so kommt Elke in die achte Klasse der Maria-Ward-Mädchenrealschule. Die Congregatio Jesu, wie die Englischen Fräulein oder Maria-Ward-Schwestern offiziell heißen, wird 1609 von der Ordensfrau Mary Ward gegründet. Ihr Ziel ist es, die Bildungschancen für Mädchen zu verbessern. Diese Idee begeistert viele junge Frauen und so findet Maria Ward schnell Mitschwestern in England, Österreich und Süddeutschland, wo noch heute die meisten „Institute der Englischen Fräulein" und Maria-Ward-Schulen zu finden sind.

„Obwohl ich während meiner gesamten Schulzeit von Ordensfrauen unterrichtet wurde, habe ich nie darüber nachgedacht, ob das auch der richtige Weg für mich sein könnte. Nach dem Realschulabschluss wollte ich eine Ausbildung im Hotelfach machen. Das hatte folgenden Hintergrund: Nach der Lehre wollte ich als

Stewardess die Welt bereisen. Und wenn ich dann zu alt für die Fliegerei wäre, würde ich zurückkehren in die Hotelbranche. Das hatte ich mir ganz genau überlegt. Allerdings wollte ich nicht einfach von zu Hause aus Bewerbungen schreiben, sondern die infrage kommenden Häuser erst einmal sehen. Ich wollte die Atmosphäre spüren und die Leute kennenlernen. Und so bin ich auf der Suche nach einem passenden Ausbildungsbetrieb eines Samstags zusammen mit meinem Vater nach Neuschwanstein gefahren. Da gab es mehrere große Hotels mit internationalem Publikum. In einem hatte ich ein sehr gutes Gefühl und konnte mir vorstellen, dort zu arbeiten."

Selbstbewusst fragt die damals 16-jährige Elke nach dem Chef des Hauses, denn wenn sie schon einmal vor Ort ist, will sie auch gleich Nägel mit Köpfen machen. „Als der Chef kam, habe ich ihm von Südafrika erzählt und ihm gesagt, dass ich nicht vorhabe, nach der Lehre im Hotelfach zu bleiben. Ich habe ihm erzählt, dass ich Stewardess werden möchte, und ihn gefragt, ob er Beziehungen zum Flughafen in Frankfurt hat und ob er einen Kontakt für mich herstellen kann." Und tatsächlich: Noch während Elkes Besuch greift der Hotelier zum Telefon und ruft bei einer Fluggesellschaft in Frankfurt an. „Dort versprach man ihm, dass ich nach einer zweieinhalbjährigen Ausbildung im Hotel eine Stelle als Stewardess bekommen würde. Damit war alles klar und ich unterschrieb noch vor Ort meinen Ausbildungsvertrag." Elke ist zufrieden. Die Fahrt nach Neuschwanstein hat sich gelohnt und sie weiß nun, wie es nach dem Realschulabschluss weitergehen wird. Gut gelaunt tritt sie mit ihrem Vater die Heimfahrt an.

„Auf dem Weg von Neuschwanstein nach Kempten kommt man durch Pfronten. Es war viel Verkehr und schließlich standen wir im Stau. Da habe ich ein Schild mit der Aufschrift ‚St. Vinzenz Krankenhaus' entdeckt." Elke ist neugierig. Sie möchte das Krankenhaus anschauen. „Als wir noch in Südafrika lebten, wurde unsere Mutter schwer krank und musste in eine Klinik. Wenn wir sie besuchten, war ich immer sehr fasziniert von den weißen Kitteln und den Instrumenten. Wahrscheinlich wollte ich deshalb das Krankenhaus in Pfronten ansehen." Da die Fahrt aufgrund des Staus sowieso nicht weitergeht, stimmt der Vater Elkes Vorschlag zu.

„An diesem Tag habe ich zum ersten Mal die Barmherzigen Schwestern vom heiligen Vinzenz von Paul gesehen. Ich habe beobachtet, wie liebevoll sie sich um die Patienten gekümmert haben. Das hat mich beeindruckt. Irgendwann kam eine ältere Schwester auf mich zu und sprach mich an. Sie sagte mir, dass sie auf der Suche nach Praktikantinnen seien, und fragte mich, ob ich mir das nicht vorstellen könne. Das fand ich spannend." Elke erzählt der Schwester, dass sie erst noch den Realschulabschluss machen muss, aber nicht abgeneigt sei, danach ein Praktikum im Krankenhaus zu absolvieren.

„Mein Vater traute seinen Ohren nicht. Gerade hatte ich einen Ausbildungsvertrag in einem Hotel unterschrieben und jetzt wollte ich ein Praktikum im Krankenhaus machen. Er wies die Schwester darauf hin, dass ich offensichtlich nicht wisse, was ich wolle, und dass sie mir nicht glauben solle. Aber die Schwester gab nicht so schnell auf. Sie sagte, sie sei im Labor tätig und ich könne jederzeit zu ihr kommen, wenn ich wirklich am Praktikumsplatz interessiert sei." Das lässt sich Elke nicht zweimal sagen. Sie ergreift die Gelegenheit und unterschreibt an diesem Nachmittag noch einen Vertrag: dieses Mal im St. Vinzenz Krankenhaus in Pfronten.

„Wie es zu diesem Sinneswandel kam, kann ich selbst nicht genau sagen. Für Außenstehende ist mein Verhalten sicher nicht nachvollziehbar, aber ich habe ganz deutlich gespürt, dass ich mich richtig entschieden hatte." Der Vater kann der Sprunghaftigkeit seiner Tochter nur wenig abgewinnen. „Er fand mich unmöglich. Unsere Mutter hat sich aber über meine Entscheidung gefreut. Sie ist selbst eine sehr soziale Frau." Dem Hoteldirektor schreibt Elke einen Brief, in dem sie ihm mitteilt, dass ihr leider etwas dazwischengekommen ist und sie die Ausbildung im kommenden Jahr nicht antreten kann.

„Während meines sozialen Jahrs im St. Vinzenz Krankenhaus habe ich viele Barmherzige Schwestern kennengelernt. Aber der Gedanke, selbst ins Kloster einzutreten, kam mir noch immer nicht. Ich wollte Krankenschwester werden, nicht Ordensschwester."

Da Elke nicht weiß, an welcher Pflegeschule sie sich bewerben soll, fragt sie eine der Schwestern um Rat. Diese stellt einen Kontakt zur Krankenpflegeschule in Augsburg her, die von den Barmherzigen Schwestern vom heiligen Vinzenz von Paul geleitet wird. „Also habe ich dort mit meiner Ausbildung begonnen." Elke empfindet es als erfüllend, sich um die Kranken zu kümmern. Ihre Arbeit bereitet ihr große Freude.

Eines Abends im Jahr 1979, die junge Frau ist inzwischen 19 Jahre alt, besucht sie die Krankenhauskapelle. „Ich bin dahin gegangen, obwohl ich gar nicht wusste, warum. Als ich dann dort saß, habe ich plötzlich gespürt, dass Gott mich persönlich liebt. Das hat mich zuinnerst getroffen. Es war ein ganz ergreifender Moment. Ich habe angefangen zu weinen und wusste gar nicht, wie mir geschieht. Plötzlich habe ich das, was ich so oft im Sonntagsgottesdienst gehört hatte, im wahrsten Sinne des Wortes am eigenen Leib erfahren: Gott liebt mich persönlich!"

Tagelang denkt Elke über diesen Abend nach. „Ich habe mich immer wieder gefragt, wie ich Gottes große Liebe erwidern kann, habe aber keine Antwort darauf gefunden." Zwei Wochen später geht sie noch einmal in die Kapelle. „Ich saß da und habe gebetet. Plötzlich hörte ich in meinem Inneren die Worte: ‚Geh ins Kloster.' Das war ganz klar und deutlich." Elke erschrickt. Obwohl sie viele Ordensfrauen kennt, die sie mag und für ihre sozial-karitative Arbeit schätzt, kann sie sich nicht vorstellen, selbst ins Kloster einzutreten. Ein halbes Jahr lang versucht sie, den Gedanken zu verdrängen.

„Ich habe keinen Gottesdienst mehr besucht und habe mich nicht mehr mit religiösen Themen beschäftigt. Aber sobald ich allein war und Ruhe hatte, war der Gedanke wieder da. Irgendwann war ich sowohl seelisch als auch körperlich fix und fertig. Da habe ich beschlossen, es einfach mit dem Klosterleben zu versuchen. Ich wusste ja, dass ich wieder gehen kann, wenn es nicht der richtige Weg für mich ist. Weil ich die Barmherzigen Schwestern überzeugend erlebt hatte – als Menschen und von ihrem Christsein –, hatte ich nicht das Gefühl, mehrere Gemeinschaften kennenlernen zu müssen. Ich wollte dort eintreten, wo ich sowieso schon war. Also habe ich mich der Oberin, die gleichzeitig unsere Schulleiterin war, anvertraut."

Elke kommt sich komisch vor, als sie der Ordensfrau erzählt, was ihr in der Krankenhauskapelle widerfahren ist. Doch die Schwester hört ganz ruhig zu. „Als ich mit meiner Schilderung fertig war, sagte sie nur: ‚So geht Berufung.' Das war alles." Ein paar Tage später fährt die Schulleiterin ins Mutterhaus der Barmherzigen Schwestern und bietet Elke an, sie mitzunehmen, damit sie mit der Generaloberin sprechen kann. „Zuerst wollte ich einen Rückzieher machen, aber dann habe ich mich doch entschlossen mitzufahren." Das Mutterhaus der Barmherzigen Schwestern in Augsburg ist ein Betonbau aus den 60er-Jahren des 20. Jahrhunderts. „Von außen gefiel mir das Gebäude überhaupt nicht. Aber als ich zum ersten Mal über die Klosterschwelle ging, passierte etwas Merkwürdiges: Auf einmal war meine ganze innere Unruhe, die mich ein halbes Jahr lang gequält hatte, wie weggeblasen und ich hatte das Gefühl, auf dem richtigen Weg zu sein."

Das Gespräch mit der Generaloberin verläuft gut und es wird vereinbart, dass Elke am 27. September, dem Fest des heiligen Vinzenz von Paul, bei den Barmherzigen Schwestern eintreten soll. Doch so lange will sie nicht warten. „Ich wollte diesen wichtigen Schritt nicht monatelang vor mir herschieben. Also habe ich noch dreimal im Mutterhaus angerufen, um den Termin vorzuverlegen." Im Mai 1980 ist es dann so weit: Die 20 jährige Elke tritt in den Orden der Barmherzigen Schwestern vom heiligen Vinzenz von Paul ein.

„Als ich meinen Eltern gesagt habe, dass ich ins Kloster gehe, hat sich unsere Mutter sehr gefreut und mir erzählt, dass sie immer gebetet habe, dass eines ihrer Kinder diesen Weg gehen soll, weil sie selbst gerne in einen Orden eingetreten wäre. Bevor meine

Entscheidung feststand, hat sie das aber nie erwähnt, weil sie mich nicht beeinflussen wollte. Dafür bin ich heute noch sehr dankbar. Unser Vater meinte, jetzt schauen wir mal, ob du dich da wohlfühlst. Denn was will man mehr für seine Kinder, als dass es ihnen gut geht. Und so sieht er es auch heute noch: Er merkt, dass mich die Schwestern mögen und dass ich gerne im Kloster bin, und das ist das Wichtigste für ihn."

Als Ordensnamen wählt die junge Schwester Emmanuela. „Im Advent sangen wir das Lied *O komm, o komm, Emmanuel*, in dem es auch heißt: ‚o Gott mit uns'. Davon habe ich mich sehr angesprochen gefühlt. Für mich ist Emmanuela ein Name, der eine starke Aussage hat. Nämlich, dass ich in jeder Lebenslage glaube, dass Gott bei mir ist. Bis heute trage ich diesen Namen sehr gerne."

Neben dem gemeinsamen Gebet steht bei den Barmherzigen Schwestern die Nächstenliebe im Mittelpunkt ihrer Spiritualität. Es ist ihnen wichtig, den Menschen zu dienen und ihnen mit Wertschätzung zu begegnen. „Rückblickend kann ich heute, fast 40 Jahre nach meinem Eintritt ins Kloster, sagen, dass ich die richtige Entscheidung getroffen habe. Was ich an unserer Gemeinschaft so schätze, ist, dass es menschlich zugeht. Es ist nicht überhöht spirituell, aber dennoch sind die Spiritualität des heiligen Vinzenz von Paul und die Gottesbeziehung sehr zentral."

Im Mutterhaus beten die 15 Schwestern, die aktuell dort leben, am Morgen zusammen die Laudes und am Abend die Vesper. Außerdem findet täglich eine Eucharistiefeier statt. „Wenn man in eine Ordensgemeinschaft geht, muss man überprüfen, ob man als Mensch und als Christ wachsen kann und ob man mit seinen menschlichen Unzulänglichkeiten angenommen wird. Natürlich muss man an sich arbeiten, aber die menschliche Komponente ist ganz wichtig, damit das Ordensleben gelingen kann. Meine Erfahrung ist, dass ein Leben, das spirituell überhöht ist, nur ein paar Jahre trägt, aber nicht langfristig."

Schwester Emmanuela fühlt sich wohl bei den Barmherzigen Schwestern. Sie schließt ihre Ausbildung als Krankenschwester ab und geht ganz in ihrer Arbeit auf. Doch dann hat sie einen schweren Autounfall mit weitreichenden Folgen: Aufgrund einer Verletzung der Wirbelsäule kann sie ihren geliebten Beruf nicht mehr ausüben.

„Als klar war, dass ich mich umorientieren muss, habe ich angefangen, Theologie im Fernkurs zu studieren, und habe eine Ausbildung als Gemeindereferentin gemacht. Von 1988 bis 1999 war ich in der Klinikseelsorge im Vincentinum – unserem ordenseigenen Krankenhaus – tätig. Wir hatten damals eine Vorreiterrolle. In anderen Häusern gab es so etwas noch nicht. Zu meinen Aufgaben gehörte sowohl die Mitarbeiterbegleitung als auch der Aufbau der professionellen Sterbebegleitung. Das war eine erfüllende Tätigkeit. Aber nach zehn Jahren merkte ich, dass meine Kraft allmählich zu Ende ging. Ein Arzt sagte damals zu mir: ‚Sie haben nun so viele Jahre wunderbar die Sterbenden begleitet, jetzt ist es an der Zeit, die Lebenden zu begleiten.' Fast zeitgleich kam eine Anfrage von der Diözesanstelle Berufe der Kirche in Augsburg, die auf der Suche nach jemandem war, der junge Erwachsene auf ihrem Weg in kirchliche Berufe begleiten wollte. Das habe ich dann gemacht."

Außerdem gründet Schwester Emmanuela 2003 zusammen mit Pfarrer Michael Lechner das Haus der Berufung in Dießen am

Ammersee. „Bis 2014 waren wir dort tätig. Dann wurde entschieden, dass die Gebäude, in denen wir untergebracht waren, anderweitig genutzt werden sollen. Inzwischen haben wir in St. Ottilien eine neue Heimat für das Haus der Berufung gefunden. Unser Angebot richtet sich an suchende junge Menschen – in der Welt, in der Gesellschaft, in der Kirche. Die zentrale Frage, der wir in verschiedenen Kursen und Seminaren nachgehen, lautet: Wo ist mein Platz in dieser Welt? Darüber hinaus bieten wir auch Exerzitien und Einzelbegleitungen an. Wichtig war uns von Anfang an, dass jeder zu uns kommen kann. Nicht nur Menschen, die ihrer Berufung zum Priester- oder Ordensleben nachspüren wollen. Allerdings kam das auch vor: Neun Personen haben sich während unserer Dießener Zeit geistlichen Gemeinschaft angeschlossen oder sind Priester geworden. Das war durch unsere Kurse nicht intendiert, hat uns aber natürlich sehr gefreut.“

Parallel zum Haus der Berufung gründen Pfarrer Lechner und Schwester Emmanuela 2007 die City-Seelsorge in Kempten. „Wir wollten die Türen öffnen und Angebote schaffen für suchende Menschen, die am Rande der Kirche stehen, aber noch nicht ganz mit ihr gebrochen haben. Das sind zum Beispiel Menschen, die mit einem klassischen Gottesdienst nichts mehr anfangen können, oder solche, die darüber nachdenken, aus der Kirche auszutreten.“

Um mit den Menschen unverbindlich ins Gespräch zu kommen und die Eintrittsbarriere so niedrig wie möglich zu halten, eröffnet die City-Seelsorge 2009 ein Café. Mitten in der Stadt, direkt neben der Basilika St. Lorenz, entsteht dieser neue Raum der Begegnung. „Uns war es wichtig, dass sich hier auch Mütter beziehungsweise Familien mit kleinen Kindern wohlfühlen, die woanders nicht immer willkommen sind. Deshalb gibt es sowohl in der Mitte des Cafés als auch im Außenbereich einen Spielplatz. Kinder bekamen das erste Getränk kostenlos und wurden per Handschlag und mit den Worten begrüßt: ‚Schön, dass du da bist!'"

Zusätzlich bietet Schwester Emmanuela, die inzwischen Weiterbildungen als Psychologische Beraterin und Meditationsleiterin absolviert hat, diverse Kurse und Vorträge an. „Das Themenspektrum ging von Entspannungskursen für Körper, Geist und Seele über persönlichkeitsbildende Inhalte mit dem Enneagramm bis hin zu Vorträgen über Resilienz." Und die Arbeit des Teams der City-Seelsorge trägt Früchte. „Zu meiner Zeit gab es in Kempten pro Jahr zwei bis vier Bewerber für die Erwachsenentaufe. Auch diese Menschen wurden von mir auf ihrem Weg begleitet. Diese Aufgabe hat mir immer besonders viel Freude bereitet. Für mich war es immer wichtig, aus meinem Glauben heraus etwas für andere Menschen tun zu können. Diese Möglichkeit habe ich in unserer Gemeinschaft."

Die Gelübde – Armut, Keuschheit, Gehorsam – bereiten Schwester Emmanuela keine Probleme. „Bei uns geht es sehr mitmenschlich zu. Der Gehorsam wird beispielsweise so verstanden, dass beide hören und nicht von oben herab willkürlich Anweisungen erteilt werden. Wir haben eine gute Gesprächskultur. Und auch der Umgang mit Geld ist bei uns sehr vernünftig geregelt. Man bekommt, was man braucht. Eine viel größere Herausforderung war es für mich, nach meinem Autounfall zu lernen, mit meinen körperlichen Einschränkungen umzugehen. Die Auseinandersetzung mit meiner eigenen Gebrechlichkeit war als junge Frau eine große Aufgabe für mich." Erst als sie lernt, sich selbst anzunehmen und das, was ist, zu bejahen, kann sie nach vorne blicken. Und so findet sie schließlich ihre erfüllende Lebensaufgabe: „Es ist für mich eine Berufung in der Berufung, suchenden Menschen zu helfen, mehr aus ihrem Leben zu machen."

Das Leben von Gott füllen lassen

Bruder Julian Kendziora, Jg. 1995,
Kapuziner, Salzburg/Münster

„Ich glaube daran, dass der Herr mein Leben füllt.
Er füllt es mit Sinn und Verstand,
mit Aufgaben, mit Begegnungen, mit Leben."

Hoch über der Stadt Salzburg – auf dem Kapuzinerberg – liegt das Kapuzinerkloster, in dem der 24-jährige Bruder Julian sein Noviziat absolvierte. Zusammen mit einem weiteren Novizen und sechs Mitbrüdern lebte er hier bis zum Ende seiner klösterlichen Ausbildungszeit. Danach hieß es Abschiednehmen von der schönen Stadt an der Salzach, denn anders als beispielsweise die Benediktiner leben die Kapuziner nicht ihr ganzes Ordensleben lang am selben Ort, sondern können immer wieder in andere Häuser versetzt werden, auch wenn sie natürlich in der Ordensgemeinschaft bleiben. Namensgeber für den Kapuzinerorden ist übrigens nicht etwa ein gleichnamiger Heiliger, sondern die lange Kapuze am braunen Ordensgewand der Brüder. Der Heilige, auf den die Kapuziner genauso wie die Franziskaner, die Minoriten und viele franziskanische Frauenorden zurückgehen, ist der heilige Franziskus von Assisi.

Auf dem Weg nach Salzburg überlege ich mir, wie Bruder Julian wohl auf mich wirken wird. Er ist aktiv in den sozialen Medien und lässt gerne Menschen an seinem Ordensleben teilhaben. Auf den Fotos, die er postet, und in seinen Videos wirkt er unternehmungslustig, aufgeschlossen, umtriebig und witzig.

Julian wird als jüngstes von vier Kindern 1995 im nordrhein-westfälischen Dorsten geboren. Der Abstand zu seinen Geschwistern ist groß. Von seinem nächstälteren Bruder trennen ihn 16 Jahre. „Ich bin immer das Nesthäkchen – in meiner Familie und in unserer Ordensgemeinschaft", sagt Bruder Julian schmunzelnd. In der Tat ist er derzeit nicht nur im Kloster in Salzburg der Jüngste. Er ist sogar der jüngste Kapuziner von ganz Deutschland. Doch das stört ihn nicht. Er wirkt sehr reif für sein Alter und kommt gut mit seinen älteren Mitbrüdern klar. „Der Älteste, mit dem ich hier in Salzburg zusammenlebe, ist 82 Jahre alt. Derjenige, der altersmäßig direkt vor mir kommt, ist 33 und die anderen Mitbrüder liegen dazwischen. Für mich ist das aber kein Problem. Ich fühle mich hier in Salzburg sehr wohl, freue mich, dass das generationsübergreifende Leben gut funktioniert und ich viel von meinen älteren Mitbrüdern lernen kann."

Das Haus mit dem herrlichen Blick über die Stadt wirkt einladend. Die Brüder sind herzlich und offen. Ich darf am Mittagsgebet in der Kapelle teilnehmen und danach mit der Gemeinschaft im Refektorium zu Mittag essen. Das empfinde ich als besonders schöne Geste der Gastfreundschaft. Hier merkt man sofort, dass Bruder Julian sehr gut integriert ist und ihm seine Mitbrüder wohlgesonnen sind. Während des Essens herrscht eine angenehme Atmosphäre. Trotzdem ist es überraschend, dass ein junger Mann mit Anfang 20 in der heutigen Zeit seine Erfüllung im Ordensleben findet.

Julian wächst zwar in einer christlich geprägten Familie auf, zu Hause spielt Religion aber keine große Rolle: „Ich kann mich nicht erinnern, dass wir zu Hause jemals gemeinsam gebetet haben. Ich würde meine Eltern auch eher als klassische U-Boot-Christen bezeichnen – sie tauchen eigentlich nur an Weihnachten und Ostern in der Kirche auf."

Julian aber faszinieren religiöse Themen von klein auf. „Einmal haben meine Geschwister mich vom Kindergarten abgeholt und mir auf dem Nachhauseweg erzählt, zu Hause warte eine Überraschung auf mich. Ich war davon überzeugt, dass der Pfarrer bei uns zu Besuch sei", erzählt er. Wie er als kleiner Junge darauf kam, kann sich bis heute niemand erklären. „Die Überraschung war dann in Wirklichkeit die, dass ein Bagger in unserem Vorgarten stand", löst Bruder Julian die Geschichte lachend auf.

Nach der Erstkommunion will Julian Messdiener werden. Die Eltern haben nichts dagegen, doch die Gottesdienste muss er meistens allein besuchen. „Zum Glück war die Kirche nur zwei Minuten von meinem Elternhaus entfernt, sodass ich den Weg problemlos allein gehen konnte. Meinem Vater wäre es lieber gewesen, wenn ich – wie mein älterer Bruder – in den Fußballverein eingetreten wäre. Aber das war nichts für mich. Ich wollte mich in der Kirche engagieren." In der Gesamtschule, die Julian besucht, ist er als praktizierender Katholik etwas Besonderes. „Von 25 Schülern in unserer Klasse waren zwei praktizierende Katholiken, ein paar katholisch auf dem Papier und der Rest war evangelisch. Es gab an unserer Schule auch gar keinen katholischen Religionsunterricht, sondern einen gemeinschaftlichen Religionsunterricht für Katholiken und Protestanten." In diesem Umfeld ist es nicht immer einfach, offen zu seinem Glauben zu stehen. Aber das hält Julian nicht davon ab, in kirchlichen Gruppen aktiv zu sein.

Mit 14 Jahren nimmt er – auf Einladung seines Gemeindepfarrers – an einer Sommerfreizeit teil. „Wir machten eine Radtour durch die Schweiz. Das war für uns eine große Herausforderung, denn in meiner Heimat gibt es keine Berge. Damals merkte ich zum ersten Mal, was es heißt, an meine Grenzen zu kommen. Einmal sind wir auf den Oberalppass geradelt und ich musste dringend auf die Toilette. Der Pfarrer sagte zu mir, ich könne entweder in den Busch gehen oder durchhalten. Der Busch war keine Option für mich – ich lege viel Wert auf Sauberkeit. Also habe ich beim Radeln gebetet, dass ich es schaffe, durchzuhalten. Dieses Durchhalten war eine ziemlich eindrückliche Erfahrung für mich." Während derselben Sommerfreizeit stürzt der begleitende Pfarrer vom Rad, verletzt sich am Kopf und das gesamte Geld der Gruppe fällt in einen Bach. „Da konnten wir auch nur beten, dass alles gut ausgeht. Zum Glück hatte unser Pfarrer nur eine oberflächliche Schürfwunde und auch das Geld konnten wir wieder sicherstellen. Aber in mir hat dieser Unfall viel bewirkt. Mir wurde plötzlich klar, wie wichtig Gottvertrauen und Gebet für mich sind."

Während dieser Reise denkt Julian zum ersten Mal darüber nach, nach der Schule Theologie zu studieren und Priester zu werden. Kurz nach der Sommerfreizeit verlässt der Pfarrer die Gemeinde. „Als Nachfolger kam ein Franziskanerpater. Der hat mich eingeladen, doch mal sein Kloster zu besuchen. Das interessierte mich natürlich und so habe ich das Stundengebet kennengelernt und erste Einblicke in das klösterliche Leben bekommen", erzählt Bruder Julian.

Ein weiterer Mosaikstein auf Julians theologischem Lebensweg ist eine prägende Begegnung mit Dieter Geerlings, dem damaligen Weihbischof von Münster. „Als ich in der elften Klasse war, war ich in unserer Pfarrgemeinde als Firmkatechet tätig. Damals besuchte uns der Weihbischof und beim Kartoffelsuppe-Essen kam ich mit ihm ins Gespräch. Ich erzählte ihm, dass ich gerade auf der Suche nach einem Praktikumsplatz sei. Da lud er mich ein, das Praktikum bei ihm zu machen." Julian freut sich zwar über dieses Angebot, nimmt es aber nicht ernst und meldet sich nach dem Treffen nicht mehr beim Weihbischof. Erst als dessen Sekretärin bei Julian zu Hause anruft und ihn bittet, die erforderlichen Unterlagen zu schicken, wird ihm klar, welch einmalige Chance er bekommt.

„Mein Praktikum war ein Pilotprojekt in unserer Diözese. Niemals zuvor durfte ein Schüler mehrere Wochen lang den Weihbischof auf Schritt und Tritt begleiten. Abgesehen von vertraulichen Gesprächen durfte ich tatsächlich überall dabei sein. Damals entstand zwischen Dieter Geerlings und mir eine tiefe Verbundenheit. Sie besteht bis heute." Solche Erlebnisse sind es, die in Julian den Wunsch festigen, Theologie zu studieren. Und so beginnt er nach dem Abitur sein Studium in Münster.

„Zu dieser Zeit suchten die Kapuziner in Münster gerade eine Hilfskraft, die Ideen für die Studentenpastoral einbringen und deren Umsetzung mitgestalten sollte. Außerdem sollte sie auch eine Kontaktbrücke zwischen Kloster und Universität sein. Das war genau das Richtige für mich. Und so meldete ich mich bei den Brüdern und durfte von da an mitarbeiten." Doch trotz der Nähe zum Kapuzinerorden ist es für Julian zunächst keine Option, selbst Ordensmann zu werden.

Der Wunsch, Priester zu werden, wird allerdings immer stärker und so trennt sich Julian nach einer zweijährigen Beziehung von seiner Freundin und meldet sich fürs Priesterseminar an. „Ich hatte einige Mitstudenten, deren Eltern große Probleme damit hatten, dass ihre Söhne Priester werden wollten. Sie konnten sich das zölibatäre Leben für ihre Söhne nicht vorstellen. Außerdem konnten sie sich nur schwer mit dem Gedanken anfreunden, keine Enkelkinder zu bekommen. Meine Eltern hatten damit zum Glück keine Probleme. Ihnen ist es wichtig, dass ihre Kinder glücklich sind und jeder von uns den richtigen Weg findet. Da meine drei älteren Geschwister Kinder haben, gab es an mich diese Erwartungshaltung nicht und ich konnte meine Entscheidung völlig frei treffen."

Im Priesterseminar lernt Julian verschiedene Ordensleute und Klöster kennen. Je intensiver diese Begegnungen werden, desto stärker wird in ihm der Wunsch, selbst in eine Gemeinschaft einzutreten. Der Leiter des Priesterseminars öffnet Julian Türen, damit er verschiedene Gemeinschaften näher kennenlernen kann. Und er führt viele Gespräche mit seinem Seminaristen, in denen er immer wieder hinterfragt, ob das Ordensleben wirklich der richtige Weg für Julian ist.

Mit 21 Jahren steht Julians Entschluss fest: Er tritt in den Kapuzinerorden ein. Seitdem richtet sich sein Tagesablauf nach den Gebetszeiten der Gemeinschaft. „Um 7 Uhr beten wir die Laudes.

Im Anschluss daran folgt die heilige Messe. Erst danach frühstücken wir gemeinsam im Refektorium. Direkt vor dem Mittagessen beten wir um 11.45 Uhr das Mittagsgebet und vor dem Abendessen die Vesper. Zwischen den Gebets- und Essenszeiten gehen wir unseren Tätigkeiten nach", erklärt „Bruder" Julian, wie er sich seit seiner Einkleidung im April 2017 nennen darf. Einen Ordensnamen erhalten die Kapuziner heute nur noch in Ausnahmefällen. „Vor einigen Jahren hat man darüber diskutiert, ob es sinnvoll ist, einen Ordensnamen zu vergeben. Damals wurde entschieden, dass der Taufname wichtiger ist. Denn man beginnt zwar einen neuen Lebensabschnitt, aber man bleibt ja doch dieselbe Person wie vorher."

Bruder Julian ist bei den Kapuzinern für die Medienarbeit zuständig. Diese Aufgabe bereitet ihm viel Freude. Er kennt sich gut mit den modernen Medien aus und betreibt sowohl einen eigenen Facebook- als auch einen Instagram-Account. Über 4.000 Menschen haben seine Kanäle abonniert und verfolgen seine Arbeit. Bruder Julian ist es wichtig, die Menschen an seinem Leben teilhaben zu lassen. Auf diese Weise möchte er Berührungsängste abbauen und zeigen, wie er als Ordensmann lebt. Moderne Kommunikationsmittel wie Smartphone und Notebook stehen ihm dafür auch im Orden zur Verfügung.

„Ich kann diese Dinge nutzen, obwohl wir das Gelübde der Armut ablegen und ein Bettelorden sind. Für meine Medienarbeit sind die technischen Hilfsmittel unabdingbar. Ich könnte meine Aufgaben nicht erfüllen, wenn ich sie nicht hätte. Und vieles lässt sich auf digitalem Weg schneller und einfacher erledigen als früher. Das ist dann für alle von Vorteil. Bei größeren

Anschaffungen, beispielsweise wenn wir ein Auto benötigen, wird auch schon mal länger beraten und diskutiert. Wird die Anschaffung dann wirklich als notwendig erachtet, wird sie auch getätigt", erklärt Bruder Julian das Prinzip.

Eigene Wirtschaftsbetriebe unterhalten die Kapuziner nicht. „Meine Mitbrüder arbeiten zum Teil bei der Diözese oder in Pfarreien, auch in Unternehmen oder lehren an Universitäten. So finanzieren wir unseren Lebensunterhalt. Und natürlich erhalten wir auch Spenden. Es gibt Menschen, denen es wichtig ist, dass die Klöster erhalten bleiben. Deshalb unterstützen sie uns." Bekommt Julian persönlich eine finanzielle Zuwendung, gibt er sie bei seinem Hausoberen ab. „Wir sind eine Gemeinschaft und alles soll allen zugutekommen. Kleinigkeiten – etwa eine Tafel Schokolade – behalte ich schon mal. Aber wenn ich zum Beispiel Spirituosen geschenkt bekomme, teile ich sie bei nächster Gelegenheit mit meinen Mitbrüdern und leere sie nicht allein auf meinem Zimmer. Für unsere persönlichen Bedürfnisse bekommen wir monatlich ein kleines Taschengeld. Davon kann man dann mal in die Eisdiele oder ins Café gehen, Süßigkeiten oder Zeitschriften kaufen. Alles, was wir für den Alltag benötigen, bekommen wir hier im Haus – also von den Lebensmitteln bis zu den Hygieneartikeln. Für neue Kleider kriegen wir natürlich auch Geld. Das wird recht unbürokratisch gehandhabt. Trotzdem überlegt man schon immer sehr genau, ob man etwas wirklich braucht oder ob es ein Konsumwunsch ist. Wir können nicht einfach eine Shoppingtour machen, weil wir gerade Lust darauf haben. Dafür bekommen wir natürlich kein Geld. Der Orden muss mit seinen Ressourcen gut haushalten."

Eine Sache würde Bruder Julian gerne ändern, wenn es das Armutsgelübde nicht gäbe: „Ich würde mein Zimmer anders einrichten. Die Naturholzmöbel, mit denen es ausgestattet ist, sind nicht nach meinem Geschmack. Ich hätte lieber schlichte weiße Möbel." Bevor Julian in den Orden eingetreten ist, musste er gut abwägen, welche persönlichen Dinge er mitnehmen und worauf er in Zukunft verzichten wollte. „Das Kreuz, das in meinem Zimmer hängt und vor dem ich bete, habe ich mitgebracht. Das möchte ich auch mitnehmen, wenn ich nach dem Noviziat versetzt werde. Ansonsten sortiere ich im Hinblick auf meinen Umzug jetzt schon wieder aus, was ich nicht unbedingt brauche. Da hat sich in den zwei Jahren, die ich jetzt in Salzburg bin, erstaunlich viel angesammelt. In meinem Fall vor allem Bücher. Nicht jeden Roman, den ich in den letzten Monaten gelesen habe, muss ich einpacken. Manche Bücher werde ich verschenken – auch wenn es mir schwerfällt."

Neben der Armut beziehungsweise dem Leben ohne Eigentum gibt es bei den Kapuzinern noch die Versprechen der Keuschheit und des Gehorsams. Die drei Knoten in der weißen Kordel, mit der der braune Habit geschnürt wird, symbolisieren diese Ordensgelübde, mit denen sich die Brüder an Gott und ihren Orden binden.

Wie zu allen Themen rund um sein Leben als Ordensmann hat Bruder Julian auch zum Gelübde der Keuschheit eine klare Haltung. „Ich bin mir meiner Sexualität bewusst. Sie ist ein Teil von mir, den ich wahrnehme und nicht ablehne. Durch Gewissenserforschung und die Überprüfung von Stimmungsbildern habe ich schon im Priesterseminar viel zu diesem Thema und über mich selbst gelernt. Für mich war das sehr wertvoll. Wir hatten auch im Orden eine Woche zum Thema Sexualität. Das Thema wird also nicht ausgeklammert oder tabuisiert. Für mich ist es einfach wichtig, mir immer wieder selbst klarzumachen, warum ich mich für diesen Weg und damit für den Zölibat entschieden habe. Die Bedingungen des Ordenslebens waren von vorneherein klar und ich habe mich ganz bewusst für diesen Weg entschieden. Letztendlich passiert es ja auch Eheleuten, dass sie im Laufe ihres Lebens außerhalb der eigenen Beziehung Menschen kennenlernen, die sie interessant und attraktiv finden. Wer sein Eheversprechen ernst nimmt, wird dann auch nicht einfach fremdgehen oder seinen Ehepartner verlassen." Dauerhaft keusch leben zu müssen, bereitet Bruder Julian keine Kopfschmerzen. „Ich kenne viele, bei denen das zölibatäre Leben gut funktioniert. Das sind meine Vorbilder. Sie leben glücklich und zufrieden. Deshalb bin ich zuversichtlich, dass mir das auch gelingen wird."

Am schwersten fällt Bruder Julian der Gehorsam. „In erster Linie bin ich dem Herrn gegenüber gehorsam. Das heißt für mich, nach dem Evangelium zu leben und mich immer wieder zu fragen, was der Auftrag des Herrn ist. Das ist auch unsere erste Ordensregel. Der Gehorsam gegenüber unseren Oberen und der Gemeinschaft ergibt sich im Alltag zwangsläufig. Unser Zusammenleben muss klappen, deshalb muss ich mich manchmal fügen oder die Zähne zusammenbeißen, wenn mir etwas gar nicht passt. Jeder von uns hat seine Marotten. Das ist wie überall, wo Menschen zusammenleben. Es fällt mir nicht immer leicht, aber ich muss auch eigene Interessen zurückstellen, damit unsere Gemeinschaft funktioniert."

Obwohl sich Julian durchaus vorstellen könnte, Familienvater zu sein, hat er noch nie ernsthaft darüber nachgedacht, den Orden wieder zu verlassen. „Manchmal überlege ich schon, wie es wäre, wenn ich mit meiner damaligen Freundin zusammengeblieben wäre. Und ich komme ins Grübeln, wenn ich glückliche Paare sehe, die ich von früher aus meiner Heimatgemeinde kenne. Dann frage ich mich, ob ich auch glücklich geworden wäre, wenn ich mich anders entschieden hätte. Aber ich fühle mich so stark von Gott berufen, dass ich einen Austritt aus dem Orden noch nie ernsthaft in Betracht gezogen habe." Während seiner Zeit im Priesterseminar schreibt sich Julian – auf Anraten eines Priesters – selbst einen Brief zum Thema *Warum ich Christus nachfolgen will*. „Dieser Brief liegt heute noch in der untersten Schublade meines Schreibtischs. In schwierigen Situationen hilft er mir, mich zu erinnern, warum ich hier bin. Das Leben ist bei uns schließlich auch nicht immer eitel Sonnenschein. Manchmal fühle ich mich einsam. Zum Beispiel abends, wenn meine Mitbrüder früh zu Bett gehen und ich noch lange wach bin. Gott sei Dank ist unser Novizenmeister sehr umsichtig und erlaubt uns, am Abend auch mal Freunde außerhalb des Klosters zu treffen.

Generell ist es für mich wichtig, auch Freundschaften außerhalb unserer Gemeinschaft zu pflegen – und zwar zu Männern und Frauen. Dabei geht es nicht darum, möglichst viele Freunde zu haben, sondern richtige Freunde. Menschen, mit denen man über alles sprechen kann und die einem unverblümt die Wahrheit sagen. Es gibt auch mal Tage, an denen nicht alles rundläuft. Dann stelle ich mir die Frage: Wo ist mein Anker? Und das ist ganz klar das Evangelium und die Christusnachfolge. Daran richte ich mich aus. Das ist das, was ich will! Ich habe mich freiwillig für diesen Weg entschieden. Ich glaube daran, dass der Herr mein Leben füllt. Er füllt es mit Sinn und Verstand, mit Aufgaben, mit Begegnungen, mit Leben – und das ist für mich das Schönste, was ich bekommen kann. Das kommt auch in meinem Lieblingsbibelvers zum Ausdruck, Johannes 10,10. Da heißt es: ‚Der Dieb kommt nur, um zu stehlen, zu schlachten und zu vernichten; ich bin gekommen, damit sie das Leben haben und es in Fülle haben.' Christus kommt, um uns zu erfüllen. Der Dieb kommt, um uns zu bestehlen. Oft frage ich mich dann: Und was ist meine Aufgabe? Manche Leute bemitleiden mich. Aber ich wusste ja die Faktoren schon vorher und habe mich bewusst darauf eingelassen."

Dass Julian voll und ganz zu seiner Entscheidung steht, erkennt man auch daran, dass er immer im Habit unterwegs ist. Grundsätzlich haben die Ordensmitglieder die Möglichkeit, ihr Ordensgewand abzulegen und sich außerhalb ihres Klosters zivil zu kleiden. Das tut Bruder Julian aber nur in Ausnahmefällen, wenn er sich beispielsweise abends in der Stadt verabredet. Tagsüber trägt er grundsätzlich sein Ordensgewand. „Der Habit gehört zu mir. Ordensmann zu sein, ist kein Job. Das Ordensleben ist ein Teil von mir", erklärt er.

Einmal pro Woche geht Bruder Julian für die Gemeinschaft auf dem Wochenmarkt einkaufen. Eine Tätigkeit, die unter Umständen viel Zeit in Anspruch nimmt. „Es gibt Menschen, die warten schon auf mich, den Mann im braunen Habit. Eine Frau schüttet mir jede Woche ihr Herz aus. Für sie ist es unheimlich wichtig, dass ich ein offenes Ohr für sie habe. Das ist für mich gelebte Nächstenliebe und Teil unserer Aufgaben. Nur, wenn wir für die

Menschen da sind und ihnen etwas bieten, haben die Ordensgemeinschaften und die Kirche eine Zukunft."

Um die Zukunft macht sich Bruder Julian Gedanken: „Weltweit betrachtet wächst der Kapuzinerorden – Indien, Brasilien und Mexiko sind die aufstrebenden Provinzen. In Europa sieht die Situation anders aus. In Deutschland hat sich der Orden – nach einer Sterbe- und Austrittswelle – wieder stabilisiert. Derzeit leben hier etwa 120 Kapuzinerbrüder, verteilt auf elf Häuser. 25 in Altötting, 28 in Münster – dort ist auch unser Altersheim. Der Rest verteilt sich auf Häuser mit acht bis zehn Personen. Was ist, wenn nicht genügend junge Männer in unseren Orden eintreten und wir einzelne Häuser auflösen müssen? In Salzburg gibt es die Kapuziner seit über 400 Jahren. Was ist, wenn es hier nicht mehr weitergeht? Das beschäftigt mich zunehmend.

Auf der anderen Seite haben wir eine Ordensleitung, die gute, zukunftsorientierte Entscheidungen trifft. Und ich persönlich habe das Gefühl, dass ich mein Leben vor Gott so gestalten kann, dass ich Frucht bringe. Der Orden schafft den Rahmen und gibt mir die Möglichkeit, meine Talente und Fähigkeiten so auszuleben, dass ich dem Reich Gottes dienen kann. Das ist mir sehr wichtig!"

Seine persönliche Gottesbeziehung pflegt Bruder Julian, indem er jeden Tag das Tagesevangelium liest. Außerdem spricht er sehr direkt mit Gott und bindet ihn in seinen Alltag ein. „Ich kann mit allem zu Gott kommen. Ich genieße es, in einem Haus zu wohnen, in dem wir eine eigene Kirche haben, in der ich jederzeit beten kann. Und ich bete vor dem Kreuz in meinem Zimmer. Aber ich besuche auch andere Kirchen in der Stadt und bete dort – oder auf Reisen in anderen Ländern. Auf meinem Schreibtisch liegt ein Tischkreuz. Wenn ich es beim Arbeiten plötzlich im Augenwinkel sehe, dann löst es in mir den kurzen Impuls aus: Gott ist da."

Und auch für alle Nicht-Ordensleute hat Bruder Julian einen Tipp, wie man eine Erinnerungsstütze in den Alltag integrieren kann: „Bauen Sie sich selber kleine Stolpersteine. Zum Beispiel können Sie sich ein Post-it an den Spiegel kleben, auf dem steht: Heute schon an Gott gedacht? Solche kleinen Impulse sind gute Gedankenstützen, um mitten im Alltagsgeschäft mit Gott verbunden zu bleiben."

Seit September 2019 lebt Bruder Julian in Münster. Dorthin wurde er nach seiner zeitlichen Profess versetzt.

Mitten unter den Menschen zu sein, nährt meinen Glauben

Kleine Schwester Ulrike-Dorothea von Jesus,
Jg. 1973, Kleine Schwester Jesu, München

*„Dass ich hier sein darf, mitten unter den Menschen,
das nährt meinen Glauben und erdet mich."*

*Als ich den Tipp bekomme, eine Kleine Schwester Jesu für mein Buch
zu interviewen, bin ich erst einmal ratlos. Von dieser Gemeinschaft
habe ich noch nie gehört, und das, obwohl ich mich intensiv mit der
Ordenslandschaft in Deutschland beschäftigt habe. Meine Recherche ergibt: Die Gemeinschaft entstand aus dem Geist des Franzo-
sen Charles de Foucould, der lange Jahre als Einsiedler unter den
Berbern in der Wüste Algeriens gelebt und immer darauf gehofft
hatte, Gefährten für seine Lebensweise zu finden. Doch erst nach
seinem Tod bilden sich unterschiedliche Gemeinschaften, die Grund-
gedanken seiner Spiritualität aufnehmen. Eine dieser Gemeinschaften sind die Kleinen Schwestern Jesu. Sie gibt es auch in München-
Hasenbergl, einem sozialen Brennpunkt am nördlichen Stadtrand.
Per E-Mail nehme ich Kontakt auf. Ein paar Tage später bekomme*

ich eine nette Antwort. Ich soll mich telefonisch melden. Das Gespräch ist angenehm und Kleine Schwester Ulrike-Dorothea lädt mich zum Kaffeetrinken ein.

Mit gemischten Gefühlen mache ich mich auf den Weg. Ich weiß nicht so recht, was mich erwartet, denn das Treffen soll in der Privatwohnung der Schwestern stattfinden. Als ich in die Straße einbiege, sehe ich, dass hier hauptsächlich einfache Wohnblocks stehen. Die meisten Gebäude wirken etwas heruntergekommen. In einem Innenhof sitzen vier Frauen bei Kaffee und Keksen zusammen und unterhalten sich. Als ich näher komme, steht eine von ihnen auf und geht freundlich lächelnd auf mich zu: Es ist Kleine Schwester Ulrike-Dorothea. Sie trägt eine dunkelblaue Hose, eine weiß-blau gestreifte Kurzarmbluse und um den Hals ein einfaches Holzkreuz mit einem Herz in der Mitte. Die grau melierten Haare sind kurz geschnitten. Nachdem wir mit den anderen Frauen eine Tasse Kaffee getrunken haben, gehen wir in die Wohnung der Kleinen Schwestern, um unser Gespräch zu führen.

Wir sitzen im Wohnzimmer. Es ist einfach, aber praktisch eingerichtet: Esstisch mit Eckbank und einem Stuhl, Sofa, Regal – keine unnötigen Dekorationsgegenstände. Es gibt eine Marienikone, ein paar Fotos, über dem Sofa hängt eine große Weltkarte. Zu Beginn unserer Unterhaltung macht Schwester Ulrike-Dorothea einen zurückhaltenden Eindruck auf mich. Jeder Satz ist wohlüberlegt. Erst als es um ihre Berufung und ihr Leben bei den Kleinen Schwestern Jesu geht, kommt unser Gespräch in Fluss.

„Der Weg meiner Berufung war alles andere als geradlinig. Ich bin 1973 in der Nähe von Stuttgart geboren und in einem evangelischen

Elternhaus groß geworden. Erst mit Ende 20 habe ich die katholische Kirche für mich entdeckt." Eine Entwicklung, die ihre Familie und Freunde nur schwer nachvollziehen können. „Ich war als Kind und Jugendliche sehr verbunden und engagiert in der evangelischen Pfarrgemeinde. Meine Entscheidung, katholisch zu werden, hat dann gerade in diesem Umfeld zunächst sehr viel Unverständnis hervorgerufen."

Menschlich kann Ulrike die Reaktionen ihres Umfelds nachvollziehen. An ihrer Entscheidung zweifelt sie aber nicht. „Ich habe ja alles Gute aus der evangelischen Kirche behalten, wie zum Beispiel die Liebe zur Heiligen Schrift. Das prägt mich bis heute." Trotzdem ist es anstrengend, sich immer und immer wieder rechtfertigen zu müssen. „Das war eine harte Zeit. Gleichzeitig habe ich aber auch gemerkt, dass ich voll zu meiner Entscheidung stehe. Das war ganz wichtig für mich."

Den Entschluss, katholisch zu werden, fasst Ulrike in Kirgisien. „Ich bin gelernte Krankenschwester. Nach der Ausbildung habe ich unter anderem auf der Onkologie gearbeitet. Das war eine erfüllende Tätigkeit. Aber es war auch belastend. Man hat fast nur mit Menschen zu tun, die an ihrer Krankheit sterben werden. Irgendwann habe ich gemerkt, dass ich in der Zeitung immer zuerst die Todesanzeigen lese. Da wusste ich: Jetzt ist es Zeit für etwas Neues."

Während einer Urlaubsreise, die vom Kolpingwerk organisiert wird, kommt Ulrike mit jungen Katholiken in Kontakt. „Ein Mitreisender hat mir erzählt, dass er einen Missionseinsatz in Brasilien gemacht hat. Das fand ich spannend." Ulrike erinnert sich, dass sie schon während ihrer Schulzeit den Wunsch hatte, ein

Freiwilliges Soziales Jahr im Ausland zu absolvieren. „Weil ich nach der Schule aber gleich einen Ausbildungsplatz bekommen habe, habe ich die Idee damals nicht weiterverfolgt."

Das ist nun anders. Sie nimmt Kontakt mit den Steyler Missionaren auf, die das Programm *Mission auf Zeit* anbieten. „Obwohl ich evangelisch war, durfte ich an einem Vorbereitungskurs teilnehmen. Das war kein Problem." Schwieriger wird es dann allerdings mit der Suche nach einem geeigneten Einsatzort. „Für die Schwestern auf den Philippinen zum Beispiel war es unvorstellbar, mit jemandem zusammenzuarbeiten, der nicht katholisch ist." Schließlich soll Ulrike nach Kirgisien gehen – heute öfter Kirgistan genannt. „Ich musste erst mal auf der Landkarte nachsehen, wo das überhaupt liegt. Gut war, dass es ein Staat der ehemaligen Sowjetunion ist. Ich habe auf der Waldorfschule Russisch gelernt. Das war jetzt natürlich hilfreich."

Im Jahr 2000 löst Ulrike ihren eigenen Haushalt auf, stellt die wichtigsten Sachen bei ihren Eltern unter und reist nach Kirgisien.

„Etwa 80 Prozent der Bevölkerung sind dort muslimisch, 18 Prozent gehören zur russisch-orthodoxen Kirche und der Rest sind evangelische oder katholische Christen – eine echte Diasporasituation." Historisch bedingt gibt es in Kirgisien noch viele Menschen mit deutschen Wurzeln. „Vor allem die Großmütter in unserer Gemeinde haben sich sehr gefreut, dass jemand kam, mit dem sie deutsch sprechen konnten. Viele junge Leute sind damals nach Deutschland ausgesiedelt. Ich habe hauptsächlich die kennengelernt, die keine Chance hatten, das Land zu verlassen."

Zu dieser Zeit gibt es in ganz Kirgisien nur eine einzige katholische Pfarrei. Sie befindet sich in der Hauptstadt Bischkek und wird von Jesuiten geleitet. „Dort wurde ich mit offenen Armen aufgenommen und meine offizielle Zugehörigkeit zur evangelischen Kirche war kein Hindernis, mich ganz in der Pfarrei zu engagieren. Im Gegenteil: Nach einem Gespräch mit den Jesuiten durfte ich wie selbstverständlich vom ersten Tag an sogar die Kommunion empfangen. Einen richtigen Aufgabenbereich hatte ich allerdings nicht. Ich war Mädchen für alles: Ich habe die Kirche geputzt, den Gottesdienst musikalisch begleitet und mit Franziskanerinnen aus der Slowakei das Kinderprogramm gestaltet.

Im Pfarrhaus war die Tür zu jeder Tages- und Nachtzeit für alle möglichen Anliegen offen. Ich habe sehr viel Besuch empfangen und noch viel mehr Geschirr gewaschen, denn die Gastfreundschaft ist in Kirgisien etwas ganz Wichtiges. Kein Gast verlässt das Haus wieder, ohne wenigstens einen Tee getrunken zu haben. Außerdem sind wir durchs ganze Land gefahren, um zu Hause bei den Familien Gottesdienste zu halten. Es hat mich sehr beeindruckt, dass wir nicht selten mehrere Hundert Kilometer zurückgelegt haben, um dann mit einer Handvoll Menschen die Eucharistie zu feiern. Meistens in ganz einfachen Verhältnissen – an einem Plastiktisch und auf wackeligen Stühlen in der Küche. Auf diesen Reisen habe ich sehr viele Menschen kennengelernt und durfte meinerseits eine gelebte Gastfreundschaft erfahren. Das prägt mich bis heute, und wenn ich in meinem Alltag als Kleine Schwester einen Durchhänger habe, dann hilft mir die Erinnerung an diese Zeit, um mit neuer Freude weiterzugehen."

Die Nähe zu den Menschen ist eine besonders eindrückliche Erfahrung für Ulrike. „Kirgisien ist ein sehr armes Land. Viele

Menschen leben bis heute am Existenzminimum. Trotzdem habe ich sehr viel Lebensfreude wahrgenommen und eine selbstverständliche Zufriedenheit, und das, obwohl viele wirklich nur das Allernötigste zum Leben hatten. Das hat mich sehr bewegt. Diese Lebensfreude, verbunden mit einer großen Glaubenskraft, hat in mir selbst etwas Existenzielles in Bewegung gebracht. Ich habe gespürt, dass die Eucharistiefeier nicht nur für diese Menschen lebensnotwendig ist."

Allmählich beginnt die 27-Jährige über ihre eigene Zukunft nachzudenken. „Ich hatte alles und sogar viel mehr, als ich brauchte. Aber: War ich zufrieden? Konnte ich nach meiner Rückkehr aus Kirgisien einfach so weiterleben wie zuvor? Diese Fragen haben mich sehr beschäftigt. Als ich aufgebrochen bin, habe ich gedacht, dass ich diejenige bin, die etwas bringt. Jetzt habe ich immer mehr gemerkt, dass ich diejenige war, die empfing."

Ulrikes Aufenthalt in Kirgisien ist auf ein Jahr angelegt. Doch als sich diese Zeit dem Ende nähert, merkt sie, dass sie noch nicht nach Deutschland zurückkehren will. „Ich habe dann noch sechs Monate drangehängt. Damals habe ich mich immer häufiger gefragt, in welche Kirche ich gehöre. War ich noch evangelisch? Oder spürte ich in meinem Inneren nicht längst, dass ich eigentlich katholisch sein wollte?

Ich führte viele geistliche Gespräche mit den Jesuiten. Ich konnte sie alles fragen, was mich bewegte. Und ich war dabei, wenn sie mit anderen Menschen über den Glauben sprachen. Letztendlich hatte ich meine ganze Katechese während stundenlanger Autofahrten durch Kirgisien. Durch die tägliche Eucharistiefeier und eine vorsichtige Annäherung an die Gebetsform der

Eucharistischen Anbetung wurde mir mit der Zeit immer klarer: Ich möchte katholisch werden. Erst rückblickend habe ich gemerkt, wie ich von Gott geführt wurde. Zuerst durfte ich die Kommunion empfangen – ohne Wenn und Aber. Aus diesem Geschenk des Empfangens heraus ist das Bedürfnis gewachsen, dass ich auch das Geschenk der Beichte in Anspruch nehmen wollte. Und zu guter Letzt habe ich um die Aufnahme in die katholische Kirche gebeten und durfte in der Nacht von Epiphanie in der Pfarrkirche in Bischkek das Sakrament der Firmung empfangen.

Je länger ich in Kirgisien war, desto mehr hat mich auch das Leben der Jesuiten fasziniert. Und allmählich habe ich die Sehnsucht gespürt, ganz dazugehören zu wollen. Aber als Frau konnte ich ja kein Jesuit werden." Da gibt ein Pater Ulrike einen Tipp. „Ich kann mich noch sehr gut daran erinnern, wie er sagte: ‚Wenn du in Deutschland Sehnsucht nach Kirgisien hast, dann besuche die Kleinen Schwestern Jesu, die leben so ähnlich wie wir hier.‘"

Er selbst hatte die Kleinen Schwestern in Rom kennengelernt und bei einem Besuch dort ein Jesuskind aus Ton geschenkt bekommen. „Dieses Kind lag dann längere Zeit etwas heimatlos in der Küche des Pfarrhauses in Bischkek, bis ich beschlossen habe, ihm einen Platz in meiner Gebetsecke einzurichten. Hier haben wir Freundschaft geschlossen und ich glaube, dass es dieses Kind war, durch das Gott begonnen hat, mich in der Tiefe meiner Existenz anzusprechen. Ich glaube, es hat begonnen, die zärtlichen und weichen Seiten in mir freizulegen. Gleichzeitig hat es mir geholfen zu begreifen, dass ich selbst nichts in der Hand habe und wie ein Neugeborenes bedürftig und abhängig bin von Gott, aber auch von anderen Menschen. Den Zusammenhang zwischen dem

Kind und der Spiritualität der Kleinen Schwestern habe ich ehrlich gesagt erst viel später verstanden, aber seine Botschaft an mich war wohl sehr klar.

Als ich wieder in Deutschland war, musste ich mich erst einmal neu sortieren. Außerdem wusste ich noch nicht, wo mein Platz in der katholischen Kirche sein sollte." Ulrike entscheidet sich, die Schule für Gemeindepastoral in Neuburg an der Donau zu besuchen und dort eine dreijährige Ausbildung zu machen. „Ich wollte eine solide Grundlage in katholischer Theologie haben. Das war wichtig und auch sehr wertvoll für mich, um die katholische Kirche in Deutschland kennenzulernen." Die Zeit auf der Schule nutzt Ulrike aber auch, um Kontakt zu verschiedenen Ordensgemeinschaften aufzunehmen. „Ich war auf der Suche nach dem richtigen Platz. Mir wurde während der Ausbildung schnell klar, dass ich danach weder Religionslehrerin noch Gemeindereferentin werden wollte. Meine Idealvorstellung war ein Leben als klassische Ordensfrau – gerne in strenger Klausur. Damals habe ich sehr mit den Karmelitinnen geliebäugelt."

Um herauszufinden, ob diese Lebensform zu ihr passt, besucht Ulrike die Karmel in Dachau und Tübingen und lebt ein paar Wochen in Berlin zusammen mit den Karmelitinnen in der Klausur. „Gleichzeitig habe ich aber auch Kontakt zu den Kleinen Schwestern aufgenommen, um diese Gemeinschaft näher kennenzulernen. Das ging eine Zeit lang hin und her. Ich kann mich noch gut an meinen ersten Besuch bei den Kleinen Schwestern in München erinnern. Danach habe ich mir ernsthaft die Frage gestellt, ob ich mein Leben lang Karten spielen und Kaffee trinken kann – das war nämlich der erste Eindruck, den ich von den Schwestern hatte. Dass ich am Ende dann doch hier gelandet bin, bei den Kleinen Schwestern, war nicht meine Entscheidung, sondern Gottes Fügung."

Ulrike ist 32 Jahre alt, als sie 2005 in die Gemeinschaft eintritt. Dort erhält sie den Zweitnamen Dorothea. „Wir geben unseren Familiennamen auf und bekommen bei den Gelübden als Zeichen der Zugehörigkeit zu unserer neuen Familie den Zusatz „von Jesus". Der Doppelname verhindert Verwechslungen, denn immerhin sind wir ja weltweit etwa 1.200 Schwestern. So heiße ich jetzt offiziell Kleine Schwester Ulrike-Dorothea von Jesus, im Alltag werde ich aber meistens einfach nur Dorothea genannt."

Das Leben der Kleinen Schwestern Jesu hat mit dem klassischen Ordensleben, nach dem sich Ulrike einst sehnte, äußerlich nur wenig zu tun. Zusammen mit drei Mitschwestern bewohnt sie eine kleine Dreizimmerwohnung. Neben dem Wohnzimmer gibt es einen Raum, den die Schwestern als Kapelle nutzen, eine kleine Küche und ein gemeinsames Schlafzimmer. Es ist kaum vorstellbar, dass man hier zur Ruhe kommen kann. Eine Rückzugsmöglichkeit gibt es in der Wohnung jedenfalls nicht.

„Das gemeinsame Schlafzimmer ist für mich im Alltag gar kein Problem. Es fordert aber viel Disziplin. Man muss so bei sich bleiben, dass man der anderen ihre Privatsphäre lässt. Wenn man so eng zusammenlebt wie wir hier, kann man nichts voreinander verbergen. Alles, was wir in uns tragen, kommt hier zum Vorschein – Positives wie Negatives. Das ist sehr kostbar. Aber manchmal ist es auch ein sehr schmerzhafter Prozess. Wir reiben uns aneinander und gleichzeitig macht uns das auch immer wieder bewusst, dass wir nicht um unseretwillen hier sind. Uns vereint der gemeinsame Blick auf Jesus und unseren Glauben. Das ist sinnstiftend für unsere Lebensform. Es bleibt einem trotzdem nicht erspart, an sich selbst zu arbeiten und sich immer wieder seiner eigenen Grenzen bewusst zu werden. Meine eigenen Macken nerven mich oft selbst am meisten. Gleichzeitig merke ich, dass mein Glaube durch die ständige Auseinandersetzung mit den eigenen Unzulänglichkeiten echter wird. Ich kann mir nichts vormachen, sondern bin immer wieder eingeladen, meinen Blick aufs Wesentliche zu richten."

Ein wichtiger Aspekt des Charismas der Kleinen Schwestern ist das Leben Jesu in Nazareth. „Jesus hat vor seinem öffentlichen Auftreten 30 Jahre lang unauffällig inmitten seines Volkes gelebt. Ohne zu heilen, zu unterrichten oder Wunder zu tun. Er hat – so nehmen wir an – als einfacher Handwerker sein Leben verdient. Wir sind eine kontemplative Gemeinschaft, aber wir möchten uns nicht durch eine sichtbare Klausur vor der Welt abschotten, sondern mitten in der Welt und unter den Menschen als betende Frauen leben. Dazu gehört aber auch, dass wir arbeiten und dadurch versuchen unseren Lebensunterhalt zu verdienen."

Die ersten Kleinen Schwestern waren Fließbandarbeiterinnen. „Die Arbeiten, die wir machen, sollen so sein, dass sie jeder verrichten kann – auch jemand, der keine Schule besucht und keine Ausbildung gemacht hat. Ich arbeite zum Beispiel als Küchenhilfe in einem Hotel am Bahnhof. Ich habe aber auch schon geputzt oder in einer großen Wäscherei gearbeitet. Meine Schicht beginnt morgens um fünf. Das bedeutet, dass ich kurz vor vier aus dem Haus muss. Meine Mitschwestern beten am Morgen gemeinsam die Laudes, da kann ich leider nicht dabei sein. Trotzdem weiß ich mich in ihr Gebet eingeschlossen und bin irgendwie ein Teil davon."

Die Arbeit in der Hotelküche ist nicht nur körperlich anstrengend, auch moralisch stößt Kleine Schwester Dorothea dabei immer wieder an ihre Grenzen. „Es tut mir weh, wenn ich Lebensmittel entsorgen muss. Viele meiner Kollegen kommen aus Ländern, wo die Menschen existenziellen Hunger kennen, und auch bei uns im Hasenbergl reicht bei vielen Nachbarn das Geld oft nicht bis zum Monatsende. Auch hier weiß ich um Menschen, die Hunger kennen. Das ist manchmal ein ziemlicher Spagat zwischen den verschiedenen Realitäten unserer Welt und Gesellschaft. Unsere Gäste im Hotel haben hohe Ansprüche und wir arbeiten unter einem großen Druck."

Zu Hause bei den vier Kleinen Schwestern geht es bescheiden zu. „Wir leben hier nicht in Armut. Es ist uns aber wichtig, dass wir ein einfaches Leben führen. Die Menschen, unter denen wir leben, sind Menschen, die von der Gesellschaft an den Rand gedrückt werden. Es sind die, die in der Gesellschaft keinen Platz haben. Viele unserer Nachbarn bekommen ihre Lebensmittel von der Münchner Tafel. Das, was sie nicht brauchen oder mögen, bringen sie uns. Unsere Nachbarn teilen gerne mit uns und wir freuen uns über diese gelebte Solidarität.

Die menschliche Würde hängt nicht davon ab, wie viel Geld man hat und auf welcher Stufe der Karriereleiter man steht. Wir möchten wenigstens eine kleine, uns mögliche Solidarität leben mit denen, die keine Wahl haben. Mit den Menschen, die sich ihren Job nicht aussuchen können. Mit denen, die kaum so viel Geld haben, dass sie ihre Familien über die Runden bringen. In

Bethlehem ist der große Gott ganz klein geworden. Er hat sich als Kind völlig schutzlos in die Hände der Menschen gegeben. Dieser Geist der Kindschaft ist für uns ein ganz zentraler Begriff. Als Kind darf man alles vom Vater erwarten."

Kleine Schwester Dorothea schweigt einen Moment. Dann fährt sie fort: „Wir wollen das Normale, das Einfache, den Alltag der Menschen, die um uns herum leben, teilen. Wir wollen nichts Besonderes sein: weder von der Kleidung noch von der Lebensweise oder von der Arbeit. Wir sind keine Sozialarbeiter. Wir leben in Freundschaft mit unseren Mitmenschen. Die offene Türe gehört dazu. Die Nachbarn wissen, dass sie bei uns läuten können, dass sie einen Kaffee bekommen und dass wir unsere Zeit mit ihnen teilen. Ich erlebe hier bei vielen Mitmenschen eine große soziale Einsamkeit. Viele haben psychische Probleme. Wir versuchen, nicht auf das Problem, sondern auf den Menschen zu schauen. Wir freuen uns darüber, dass hier am Tisch ganz unterschiedliche Leute Platz haben, untereinander Freundschaften geschlossen werden oder auch gestritten wird. Wenn unsere Nachbarn mir erzählen, wie sie leben und was sie bewegt, dann spüre ich, welchen Schatz ich selbst lebe und welches Glück im Leben ich hatte. Dass ich hier sein darf, mitten unter den Menschen, das nährt meinen Glauben und erdet mich."

Richtig sesshaft wird man als Kleine Schwester Jesu allerdings eher selten. Kleine Schwester Dorothea lebt seit 2017 in München. „Davor war ich seit meinem Eintritt maximal drei Jahre in derselben Stadt. Das heißt, es gehört auch dazu, dass man sich immer wieder frei macht von einem Ort und von Menschen, die einem vertraut geworden sind. Unsere geistigen Wurzeln liegen in der

Sahara bei den Nomaden. Das prägt uns bis heute. Egal, wo wir leben. Einerseits versuche ich, ganz hier zu sein und mich in dem Milieu, in dem ich lebe, zu verwurzeln, und gleichzeitig muss ich innerlich so frei sein, dass ich weiterziehen kann, wenn man mich ruft. Und wenn man weiß, dass man in der Regel mit öffentlichen Verkehrsmitteln umzieht, hilft das auch, sein Privateigentum eher gering zu halten."

In jeder Wohnung, in der Kleine Schwestern Jesu leben, wird ein Zimmer als Kapelle eingerichtet. Auf einer Decke am Boden liegt das Jesuskind. Es streckt dem Betrachter seine Ärmchen entgegen. „Egal, wo wir leben, immer gibt es einen Tabernakel mit dem Allerheiligsten. Die stille Eucharistische Anbetung ist für unser Leben ein zentraler Aspekt. Jede Schwester nimmt sich dafür eine Stunde pro Tag Zeit. Auch das gemeinsame Stundengebet und der wöchentliche Austausch zum Sonntagsevangelium sind uns sehr kostbar. Einmal im Monat ziehen wir uns zu zwei Wüstentagen in die Stille zurück. An diesen Tagen sind wir zum Beispiel bei einer anderen Gemeinschaft zu Gast. Diese Wüstentage sind eine große Kraftquelle für mich. Außerdem machen wir zehn Tage im Jahr Exerzitien."

Spricht man Kleine Schwester Dorothea auf das Älterwerden in der Gemeinschaft an, wird sie nachdenklich. „Ich weiß noch nicht, wie es sein wird, wenn ich alt bin. Wie alle anderen Gemeinschaften haben auch wir viel mehr alte als junge Schwestern. Ich spüre aber, dass mir das keine Sorgen macht. Ich vertraue darauf, dass sich eine Lösung finden wird, wenn die Zeit kommt. Hier in Deutschland/Österreich haben wir momentan zwei Gemeinschaften, die rollstuhlgerecht sind. Ich glaube, je mehr wir auf Hilfe angewiesen sind, desto echter wird unsere Berufung. Unsere älteren Kleinen Schwestern leben das mit einer großen Treue, indem sie zum Beispiel Hilfe von der Sozialstation annehmen. Ein paar Schwestern, die rund um die Uhr betreut werden müssen, leben auch in einem Altenheim in der Nähe ihrer Gemeinschaft. Unser Vorteil ist, dass wir keine große Klosteranlage besitzen, sondern in Mietswohnungen leben. Dadurch sind wir frei, die Wohnsituation unseren Bedürfnissen anzupassen."

Obwohl Kleine Schwester Dorothea auch durch Krisen gehen musste, ist sie heute sicher, sich an die richtige Gemeinschaft gebunden zu haben. „Ich musste viele Ideale über das Ordensleben und über das Leben als Kleine Schwester über Bord werfen. Ich habe bewusst nach einer ‚armen' Gemeinschaft gesucht, aber dann musste ich feststellen, dass ich im konkreten Leben plötzlich viel mehr persönliche Bedürfnisse habe, als ich gedacht hätte. Da muss man immer wieder abwägen, ob dieses Bedürfnis nur Kompensation von etwas ist, was es loszulassen gilt, oder ob es etwas Elementares ist, was ich wirklich zum Leben brauche.

Eine Zeit lang habe ich mich auch gefragt: Reicht mir dieses einfache Leben? Werde ich so glücklich oder brauche ich zum Beispiel eine Arbeit, die mich erfüllt? Kann ich mich auf Dauer auf diese geistige Armut um mich herum einlassen? Bin ich fähig, mich in meinen Ideen immer wieder durchkreuzen zu lassen – von Mitschwestern, von Nachbarn, von Arbeitskollegen? Oder brauche ich einen geregelteren Rahmen, um mein geistliches Leben fruchtbar werden zu lassen? Ich habe während der Zeit der Ausbildung in der Gemeinschaft eine tiefe Depression durchlebt. Ich musste sehr schmerzhaft begreifen, dass man Berufung im tieferen Sinn nicht ‚machen‘ kann, sosehr man sich auch anstrengt. Dass ich heute hier bin und dass es mir gut geht, das ist nicht mein Verdienst, sondern allein Gnade.“

Auch für sich selbst
sorgen können

Schwester Doris Engelhard, Jg. 1949,
Arme Franziskanerin von der Heiligen Familie,
Mallersdorf

„Wenn ich noch mal zur Welt komme,
werde ich wieder Braumeisterin in Mallersdorf."

Wer nach Mallersdorf ins Kloster der Armen Franziskanerinnen von
der Heiligen Familie kommt, trifft früher oder später auf Schwester
Doris. Wem sie nicht persönlich begegnet, der sieht ihr Konterfei auf
dem Flaschenhals des klostereigenen Bieres. Lachend prostet sie dem
Trinkenden zu. Durch zahlreiche Fernsehauftritte und Zeitungsbe-
richte ist die bierbrauende Ordensfrau auch weit über die nieder-
bayerischen Grenzen hinaus bekannt „wie ein bunter Hund" – wie
sie selbst mit einem Augenzwinkern sagt. Fast ihr ganzes Leben hat
die gebürtige Mittelfränkin in Mallersdorf verbracht. Inzwischen ist
sie 70 Jahre alt und kümmert sich noch immer tagtäglich darum,
dass der Gerstensaft sprudelt und ihre Mitschwestern nicht auf dem
Trockenen sitzen.

Geboren wird Schwester Doris, die den Taufnamen Walburga erhält, 1949 als jüngstes Kind einer frommen mittelfränkischen Familie in Herrieden bei Ansbach. Von zehn Kindern erreichen nur sieben das Erwachsenenalter. Der Vater ist Schuhmachermeister, die Mutter leitet einen kleinen landwirtschaftlichen Betrieb. Da es für die Kinder selbstverständlich ist, zu Hause mitzuhelfen, lernt die kleine Walburga schon früh, was es heißt, körperlich zu arbeiten. Außerdem legen die Eltern Wert auf eine christliche Erziehung. „Wir gingen jeden Tag in die Kirche – werktags wie sonntags. Und wir haben auch vor dem Essen und am Abend gemeinsam gebetet."

Das prägt die Kinder nachhaltig. „Bis auf eine Ausnahme haben alle meine Geschwister einmal mit dem Gedanken gespielt, ins Kloster einzutreten." Schlussendlich sind es dann zwei, die sich für ein Leben im Orden entscheiden: Walburga und einer ihrer Brüder, der Benediktinerpater in Münsterschwarzach wird. Doch bis es so weit ist, vergehen noch einige Jahre. „Als ich ein kleines Mädchen war, wurde unsere Mutter schwer krank. Jeden Tag kam eine Ordensschwester zur ambulanten Krankenpflege zu uns nach Hause. Diese Frau hat mich sehr beeindruckt." Die kleine Walburga will ihr nacheifern und selbst einmal Krankenschwester werden. Da sie eine gute Schülerin ist, soll sie die Realschule besuchen. „Das bedeutete, dass ich aufs Internat musste. Eine andere Möglichkeit gab es für uns damals nicht."

So kommt Walburga ins gut 200 Kilometer entfernte Klosterinternat der Armen Franziskanerinnen in Mallersdorf. „Wir hatten nur dreimal im Jahr Ferien: an Weihnachten, an Ostern und im Sommer. Dazwischen durften wir nicht nach Hause fahren."

Da sich das Mädchen nach der Eingewöhnungszeit recht wohl im Internat fühlt, ist das nicht weiter schlimm für sie. „Nur das Abschiednehmen von den Eltern am Ende der Ferien fiel mir immer schwer. Aber sobald ich wieder in Mallersdorf war, war alles in Ordnung."

Die Schulzeit vergeht schnell und im Laufe der Jahre ändert sich Walburgas Berufswunsch: Sie will Landwirtschaft studieren. „Landwirtschaftliche Themen haben mich sehr interessiert und ich hätte mir gut vorstellen können, in diesem Bereich tätig zu werden. Aber dann suchte die damalige Braumeisterin, Schwester Lisana, Nachwuchs für die Brauerei und die Wahl fiel auf mich."

Im Kloster Mallersdorf gibt es eine lange Bierbrautradition. „Unser Kloster wurde 1109 als Benediktinerabtei gegründet. Es gibt eine Urkunde aus dem Jahr 1634, aus der hervorgeht, dass der Orden das Recht hatte, Bierhandel zu betreiben. Insofern kann man davon ausgehen, dass damals hier auch schon Bier gebraut wurde." Im Zuge der Säkularisation wurde das Kloster 1803 geschlossen und stand danach einige Jahrzehnte leer. Mitte des 19. Jahrhunderts kamen schließlich die Armen Franziskanerinnen von der Heiligen Familie aus Pirmasens und haben sich in Mallersdorf niedergelassen. Da die Schwestern sichere Einnahmequellen brauchten, um ihren Lebensunterhalt finanzieren zu können, haben sie recht schnell an die alte Biertradition angeknüpft und eine Brauerei gegründet.

„Der Grundstein unseres heutigen Brauereigebäudes wurde bereits am 19. März 1881 gelegt und am 19. November desselben Jahres wurde das erste Bier der Franziskanerinnen gebraut.

In der Chronik heißt es dazu: ‚um der ehr- und tugendsamen Bürgerschaft und den Schwestern ein nahrhaftes Getränk zu kredenzen'. Und so ist es auch heute noch: 18 Prozent der 3000 Hektoliter Bier, die in Mallersdorf jährlich gebraut werden, sind für den Eigenbedarf des Klosters bestimmt. Der Rest wird im Direktvertrieb und über Getränkehändler verkauft. Bei uns gibt es – mit Ausnahme des Frühstücks – zu jeder Mahlzeit Bier. Man hofft und geht davon aus, dass jede Schwester aufhört, wenn sie genug hat."

Als die 16-jährige Walburga von Schwester Lisana auserkoren wird, nach ihrem Realschulabschluss eine Ausbildung als Brauerin zu machen, ist sie zunächst nicht sehr begeistert, denn sie kann sich mit dem Geschmack von Bier lange nicht anfreunden. „Ich fand es während meiner Schulzeit in Mallersdorf immer schrecklich, wenn am Brautag der Biergeruch über das Klostergelände bis zu uns ins Internat zog." Und auch die Mutter ist skeptisch. „Sie hätte sich gefreut, wenn ich Krankenschwester oder Lehrerin geworden wäre, aber eine Tochter, die Bier braut, das gefiel ihr nicht. Bei uns zu Hause wurde kein Bier getrunken. Unser Vater war Mosttrinker. Das war in meiner mittelfränkischen Heimat damals so üblich."

Aber die Zusammenarbeit mit Schwester Lisana, die als erste Mallersdorfer Schwester bereits 1933 die Braumeisterprüfung abgelegt hat, gefällt Walburga und allmählich fängt sie Feuer für ihren Beruf. Um den Horizont zu erweitern und zu erfahren, wie in anderen Brauereien gearbeitet wird, absolviert sie während ihrer Ausbildung Praktika in einer Großbrauerei im Saarland und in einem mittelständischen Betrieb. „Im Vergleich zu heute, wo viele Arbeitsschritte vollautomatisiert ablaufen und wir über ein computergesteuertes Sudhaus verfügen, war die Arbeit damals körperlich sehr anstrengend", sagt sie rückblickend.

Zusätzlich zur praktischen Ausbildung in der Brauerei muss Walburga auch die Berufsschule besuchen und so kommt sie an die Brauerschule nach Ulm. Obwohl sie der einzige weibliche Lehrling in ihrer Klasse ist, verliebt sie sich nicht. „Ich wollte nie eine eigene Familie gründen. Meine älteren Geschwister haben geheiratet, als ich noch ein Kind war. Meine älteste Nichte ist nur neun Jahre jünger als ich. Ich habe schon früh mitbekommen, dass das Familienleben auch Schattenseiten hat und Sorgen mit sich bringt. Für mich stand deshalb bald fest, dass ich ins Kloster gehen will. Allerdings bin ich der Meinung, dass man diesen Weg nur gehen kann, wenn man auch zur Ehe fähig wäre. Für Aussteiger ist das Leben im Kloster keine Lösung. Wer im zivilen Leben nicht zurechtkommt, kann nicht in den Orden flüchten. Hier kann man vor seinen persönlichen Problemen nicht weglaufen, sondern wird erst recht damit konfrontiert. Schwierige Charaktereigenschaften treten im Kloster noch viel mehr zutage als außerhalb. Der große Vorteil gegenüber dem Familienleben ist aber, dass ich am Abend meine Türe schließen kann und dann meine Ruhe habe. Das geht mit einer Familie nicht."

1971 – mit 22 Jahren – tritt Walburga bei den Armen Franziskanerinnen ein. Von den drei Namen, die sie sich für ihr künftiges Leben als Ordensfrau vorstellen kann, fällt die Wahl auf Doris. „Die heilige Dorothea, von der sich der Name Doris ableitet, ist unter anderem die Schutzpatronin der Bierbrauer", erklärt sie den Bezug zu ihrem Ordensnamen.

Als feststeht, dass Schwester Doris einmal die Leitung der Kloster-
brauerei übernehmen wird, wenn Schwester Lisana die Geschäfte
nicht mehr führen kann, muss sie die Meisterprüfung ablegen.
Und so geht sie erneut nach Ulm auf die Brauerschule. „Die ersten sechs Wochen auf der Meisterschule waren hart, weil niemand
mit mir sprechen wollte. Ich war die einzige Frau und bin noch
dazu in Ordenstracht zum Unterricht erschienen, damit konnten die jungen Männer nichts anfangen. Aber dann haben wir
uns zusammengerauft und ich wurde die gute Seele der Klasse.
Noch heute laufen die Fäden bei mir zusammen. Wenn etwas
passiert, was meine ehemaligen Schulkameraden wissen müssen – zum Beispiel, dass einer schwer krank oder gar verstorben
ist –, erfahre ich das als Erste und informiere dann die anderen.
Außerdem finden hier bei mir in Mallersdorf häufig unsere Klas-
sentreffen statt."

Und auch sonst ist die Brauerei ein beliebter Treffpunkt. „Am
Abend kommen gerne Mitschwestern zu mir, um gemütlich zu-
sammenzusitzen, ein Bier zu trinken oder mal Dampf abzulassen.
Das ist wichtig. Schließlich kommt es auch im Kloster vor, dass
einem was gegen den Strich geht." Darüber hinaus ist die Familie
gerne in Mallersdorf zu Gast. „Ich habe 22 Nichten und Neffen,
zu denen ich einen engen Kontakt pflege. Hier in der Brauerei
habe ich ein paar freie Zimmer. Da kann die Verwandtschaft über-
nachten und einmal im Jahr spanne ich sowieso alle ein", erzählt
Schwester Doris und lacht verschmitzt.

Gemeint ist das große Brauereifest, das jedes Jahr an Fronleich-
nam stattfindet und weit über die Grenzen von Mallersdorf hinaus
bekannt ist. „Da ist hier so viel los, dass meine ganze Familie

mithelfen muss." Viel los ist bei Schwester Doris auch sonst – ihr Leben hat wenig mit dem zu tun, was man sich gemeinhin unter einem beschaulichen Klosterleben vorstellt.

Anders als ihre Mitschwestern lebt Schwester Doris nicht im Wohntrakt des Klosters, sondern in der Brauerei. „Einmal pro Woche brauen wir Bier. An diesen Tagen fange ich um 3.30 Uhr an. Da ist es schon praktisch, dass ich nur die Treppe runter und nicht über das halbe Klostergelände gehen muss. Ansonsten beginnt mein Tag mit dem Chorgebet um 5.30 Uhr. Im Anschluss finden eine 15-minütige Betrachtung und ein Gottesdienst statt. Danach gibt es Frühstück. Daran nehme ich aber nicht teil, sondern gehe gleich in die Brauerei, damit ich vor meinem Mitarbeiter, der um 7 Uhr anfängt, im Betrieb bin. Ich finde, das gehört sich so." Zu zweit erledigen sie alle Aufgaben, die anfallen – vom Brauen über das Abfüllen bis zur Vermarktung. „Unser Laden hat unter der Woche vormittags und nachmittags geöffnet. Am Mittagsgebet und am Mittagessen nehme ich deshalb nur sonntags teil. Das ist zeitlich nicht anders möglich, zumal ich mich ja umziehen muss, wenn ich ins Kloster gehe."

Bei der Arbeit hat die pragmatische Schwester – wie auch schon ihre Vorgängerin Schwester Lisana – nämlich Hosen, Gummistiefel und einen Arbeitskittel an. Dass sie eine Ordensfrau ist, erkennt man nur daran, dass sie ihren Schleier trägt. Obwohl sie viel Arbeit und eine große Verantwortung hat, empfindet sie ihren Beruf nicht als stressig. „Ich glaube, Stress entsteht vor allem dann, wenn man etwas nicht gerne macht. Wenn ein ganzer Bus mit Gästen kommt oder gerade Ferienzeit ist, ist hier schon viel los, aber das stresst mich nicht. Ich bediene einen

Kunden nach dem anderen. Und das dauert halt so lange, wie es dauert."

Um 17.30 Uhr ist allerdings Schluss. So bleibt Schwester Doris genug Zeit, die Arbeitskluft gegen das Ordenskleid zu tauschen, um an der Vesper, dem Abendessen und dem Nachtgebet teilnehmen zu können. „Die klare Struktur, die wir hier haben, tut gut. Ich bin mir sicher, dass mein Arbeitsalltag in einem eigenen Betrieb oder einem anderen Kleinbetrieb ganz anders aussehen würde."

Ihre Entscheidung, ins Kloster eingetreten zu sein, hat Schwester Doris nie bereut, was auch daran liegen mag, dass sie die Einhaltung der Gelübde nie als große Herausforderung empfunden hat. „Manchmal kommen Besucher in die Brauerei, die mir ein paar Euro zustecken wollen, aber das Geld brauche ich gar nicht. Wir bekommen doch sowieso alles Notwendige. Außerdem kriegt jede Schwester pro Jahr 50 Euro zur freien Verfügung geschenkt, hinzu kommt Urlaubs- und Reisegeld. Ich verbringe meinen dreiwöchigen Jahresurlaub immer zusammen mit meinem Bruder, der Pater ist, und einer unserer Schwestern. Eine Woche fahren wir gemeinsam weg und vierzehn Tage sind wir zu Hause bei unserer Schwester. Da brauche ich nicht viel. Und wenn ich mal einen Sonderwunsch habe, wie zum Beispiel neue Schuhe, dann gehe ich zu den Oberen und sage, dass ich Geld brauche. Man muss halt den Mund aufmachen und für sich sorgen. Mit der Armut hatte ich noch nie ein Problem. Für mich ist das eine Frage der inneren Haltung: Man muss lernen, mit dem zufrieden zu sein, was man hat. Außerdem bedeutet Armut für mich auch Bedürfnislosigkeit. Wenn man mal darüber nachdenkt, was man wirklich braucht, ist das sehr wenig."

Auch zu Ehelosigkeit und Gehorsam hat Schwester Doris eine klare Haltung: „Natürlich habe ich mich auch mal verliebt, als ich jung war. Aber das ist mir bald wieder vergangen. Für eine Partnerschaft hätte ich viel zu viel aufgeben müssen. Eine meiner Schwestern hat einmal zu mir gesagt, dass ich es von allen unseren Geschwistern am besten erwischt hätte." Sie lacht herzlich. „Das war mir schon immer klar."

Und was den Gehorsam betrifft, kann sich Schwester Doris nur an eine Situation erinnern, in der es einen Konflikt gab: „Ich nehme jedes Jahr an mehreren Veranstaltungen der Braubranche und an vielen Klostermärkten teil, um unsere Produkte zu vermarkten. Für das Wochenende, an dem ich mein 40-jähriges Professjubiläum hatte, hatte ich mich auch für einen Klostermarkt angemeldet und musste dann in Mallersdorf bleiben. Das war bitter. Aber ansonsten gab's eigentlich nie was."

Natürlich ist Schwester Doris bewusst, dass sie aufgrund ihrer Tätigkeit in der Brauerei eine Sonderstellung in ihrer Gemeinschaft hat. „In meine Arbeit kann mir niemand reinreden. Damit kennt sich ja keiner aus." So liegt auch die Entscheidung, welche Biere gebraut werden, allein bei Schwester Doris. „Ich braue Helles nach Münchener Art aus Wasser, Hopfen und Gerstenmalz und Zoigl, das enthält zusätzlich Hefe. Zur Adventszeit gibt es dann noch einen hellen Bock und in der Fastenzeit einen hellen Doppelbock. Dunkles Bier oder Weizen gibt es bei uns nicht, weil ich es selbst nicht mag. Und was mir nicht schmeckt, wird in unserer Brauerei auch nicht produziert. Wenn eine meiner Mitschwestern meint, sie muss so was haben, dann muss sie sich das halt kaufen. Wichtig ist mir, dass unser Bier weder kurzerhitzt noch pasteurisiert wird, das heißt, es hat eine relativ kurze Haltbarkeit. Aber, ganz ehrlich, wer es nicht schafft, innerhalb von sechs bis acht Wochen einen Kasten Bier zu trinken, der soll die Flaschen halt einzeln kaufen."

Zusätzlich zum Bier stellt Schwester Doris auch Limonaden her – immerhin 800 Hektoliter pro Jahr. Konkurrenzdruck und Verdrängungswettbewerb fürchtet die rührige Braumeisterin nicht. „Dass es jetzt wieder vermehrt kleine Brauereien und Craft-beer-Anbieter gibt, finde ich nicht schlecht. Im Gegenteil: Plötzlich wird über Bier gesprochen und es ist salonfähig geworden. Jahrzehntelang wurde es im Vergleich zum Wein stiefmütterlich behandelt. Ein Craftbeer, das seinen Geschmack aus dem Hopfen hat, kann ich mir zum Beispiel gut in kleinen Gläsern als Aperitif vorstellen. Bayerische Großbrauereien, die von Holland aus gesteuert werden, finde ich allerdings schrecklich. Da schmeckt alles gleich. Und woher soll denn ein Holländer wissen, was der bayerischen Bierseele schmeckt?"

Eine Sorge hat Schwester Doris dennoch: Sie weiß nicht, wie es mit ihrer Brauerei weitergeht, wenn sie nicht mehr kann. Insgesamt leben rund 480 Schwestern in Mallersdorf – 134 im Kloster und 346 im Altenpflegeheim St. Maria. Dazu kommen noch etwa 240 Angestellte. Aber es gibt keine junge Schwester, die sich für die Brauerei interessiert. „Dabei habe ich den schönsten Beruf im Kloster." Als Schwester Lisana 1993 stirbt, macht Schwester Doris zusammen mit ein paar Mitschwestern eine Wallfahrt, um für Brauereinachwuchs zu beten. „Wir sind nach Einsiedeln gefahren, aber leider ohne Erfolg. Ob wir zu wenig gebetet oder zu viel getrunken haben, weiß ich nicht. Geholfen hat es bis jetzt jedenfalls nicht. Um den Nachwuchs ist es aber generell schlecht bestellt. In den letzten Jahren gab es hier nur einen einzigen Neueintritt. Das ist schade. Für mich steht jedenfalls fest: Wenn ich noch mal zur Welt komme, werde ich wieder Braumeisterin in Mallersdorf."

Ich habe mein Leben richtig gelebt

Pater Remigius Rudmann, Jg. 1927, Missionsbenediktiner, St. Ottilien

„Realitätsbezug, Wahrhaftigkeit und mein Glaube sind meine drei Fundamente. Rückblickend kann ich sagen, dass ich mein Leben richtig gelebt habe. Ich bin zufrieden und glücklich. Es hätte gar nicht schöner sein können."

Tritt Pater Remigius an den Ambo der Erzabtei St. Ottilien, um zu predigen, sind viele Gottesdienstbesucher überrascht, wie kraftvoll seine Stimme klingt. Der stattliche Mann mit dem weißen Haar spricht ausdruckstark – und er hat auch inhaltlich etwas zu sagen. Dass er schon 92 Jahre alt ist, kann man kaum glauben.

Den Termin für unser Treffen vereinbaren wir per E-Mail. Das ist für Pater Remigius eine Selbstverständlichkeit. Er hat seit Jahren einen eigenen Computer auf seinem Zimmer. „Da kann ich auch mal was googeln, wenn ich eine Information brauche. Das geht schnell und ist praktisch", sagt er und lächelt. Diese Teilhabe am modernen Leben finde ich bewundernswert. Stillstand kennt er nicht. Pater Remi-

gius schätzt den Austausch mit seinen jüngeren Mitbrüdern genauso wie Unterhaltungen mit den Besuchern im Gästehaus der Erzabtei. Das hält ihn geistig fit. Sämtliche Eckdaten seines bewegten Lebens, Namen von Weggefährten und Titel interessanter Bücher kommen während unseres Gesprächs ohne Zögern über seine Lippen. Ich bin zutiefst davon beeindruckt, an wie viele Details er sich erinnert, und könnte seinen interessanten Ausführungen stundenlang zuhören.

Als dienstältester Mönch von St. Ottilien blickt Pater Remigius auf über 70 Jahre Klosterleben zurück. „Selbstverständlich hat sich in den Jahrzehnten hier vieles verändert. Aber ich bin mir selbst immer treu geblieben. Für mich war es wichtig, realitätsbezogen zu leben. Das heißt, dass ich zu mir selbst ehrlich und wahrhaftig bin und Verantwortung für mein Leben übernehme. Ich habe mich in jungen Jahren für das Klosterleben entschieden. Da bringt es nichts, wenn ich ständig darüber nachdenke, wie es wäre, wenn ich eine Familie gegründet hätte. Realitätsbezug, Wahrhaftigkeit und mein Glaube sind meine drei Fundamente. Rückblickend kann ich sagen, dass ich mein Leben richtig gelebt habe. Ich bin zufrieden und glücklich. Es hätte gar nicht schöner sein können." Auch mit schwierigen Situationen seines Lebens hat Pater Remigius Frieden geschlossen. „Leo Tolstoi sagte einmal ‚Liebe deine Geschichte! Das ist der Weg, den Gott mit dir gegangen ist.' Daran orientiere ich mich."

Geboren wird Pater Remigius, der auf den Namen Johann getauft und Hans genannt wird, im April 1927 als mittleres von drei Kindern in Freiburg. „Wir sind in einem einfachen, aber harmonischen Elternhaus in Emmendingen aufgewachsen. Unser Vater war Kaufmann und die Mutter hat sich um den Haushalt gekümmert. Der christliche Glaube war ganz selbstverständlich in unseren Alltag integriert. Wir besuchten den Sonntagsgottesdienst, beteten vor dem Mittagessen und nach der Erstkommunion wurde ich Ministrant."

Historisch betrachtet ist es keine einfache Zeit, in der Hans und seine Geschwister heranwachsen. Nach der Machtergreifung Hitlers 1933 zählen die christlichen Werte in Deutschland immer weniger. Doch Hans lässt sich von der nationalsozialistischen Gesinnung nicht beeinflussen. Schon als Zehnjähriger weiß er, dass er einmal Priester werden möchte. Da er als Schüler eines Realgymnasiums keinen Lateinunterricht hat, nimmt er Privatstunden bei einem Pfarrvikar. „Als ich ihm erzählt habe, dass ich einmal Pfarrer werden will, hat er mir angeboten, mich zu unterrichten." Die Eltern staunen nicht schlecht, als Hans ihnen davon erzählt. Im Jahr darauf tritt der Vater eine neue Arbeitsstelle an und die Familie zieht nach Freiburg. Dort kann Hans ohne Probleme und ohne eine Klasse wiederholen zu müssen auf das Gymnasium wechseln.

„Wir haben damals schnell Anschluss in der Kirchengemeinde gefunden. Als ich etwas älter war, habe ich eine Jugendgruppe geleitet, weil es mir wichtig war, Zeugnis von meinem Glauben zu geben." Von der Hitlerjungend jedoch hält sich Hans fern. „Mein Bruder und ich sind erst in die HJ eingetreten, als im Frühjahr 1939 die Zwangsmitgliedschaft eingeführt wurde und uns ein Polizist zu Hause abgeholt hat."

Kurz vor seinem 16. Geburtstag wird Hans zusammen mit seinen Klassenkameraden als Luftwaffenhelfer eingezogen. „Wir wurden in der Kaserne in Friedrichshafen ausgebildet. Danach folgten mehrere Einsätze, bevor ich zum Reichsarbeitsdienst einberufen wurde und schließlich im Dezember 1944 den Gestellungsbefehl zur Wehrmacht erhielt." Obwohl Hans versucht, seinen Dienstantritt hinauszuzögern, muss er sich schließlich melden und wird mit 17 Jahren Soldat. „Wir waren nicht lange im Einsatz, da löste sich unsere Truppe auf. Beim Versuch, uns in die Heimat durchzuschlagen, wurden wir von einer französischen Patrouille aufgegriffen und gerieten in Kriegsgefangenschaft."

Zunächst werden die Männer in ein Gefangenenlager nach Belfort gebracht. „Dort gab es jeden Nachmittag einen Gottesdienst, an dem ich teilgenommen habe. Eines Tages sprach mich der Lagerpfarrer an und fragte, welchen Berufswunsch ich hätte. Ich sagte ihm, dass ich Priester werden will." Daraufhin kümmert sich der Lagerpfarrer darum, dass Hans nach Orléans verlegt wird. „In Orléans wurde im April 1945 das so genannte ‚Stacheldrahtseminar' gegründet, das von Abbé Franz Stock geleitet wurde. Es war ein katholisches Priesterseminar für deutsche Kriegsgefangene. Dort erhielten junge Männer, die Priester werden wollten, während der Zeit der Internierung eine spirituelle Ausbildung. Damit sollte der nationalsozialistischen Ideologie, der wir jahrelang ausgesetzt waren, entgegengewirkt werden. Unsere Dozenten waren deutschsprachige Priester und Ordensleute. Dass ich ins Priesterseminar durfte, obwohl ich noch kein Abitur hatte, habe ich dem Lagerpfarrer von Belfort zu verdanken."

In Orléans lernt Hans Pater Albert kennen, der als Spiritual für die jungen Seminaristen zuständig ist. „Als Pater Albert bei uns ankam, hielt er einen Vortrag über die Missionsbenediktiner von St. Ottilien. Weil ich den Vortrag verpasst habe, habe ich ihn am nächsten Tag darauf angesprochen und ihm gesagt, dass mich das Thema interessiert. Da ist er eineinhalb Stunden mit mir auf dem Kasernenhof am Stacheldraht entlang auf und ab spaziert und hat mir von St. Ottilien und der Missionarsarbeit erzählt." Am Ende des Spaziergangs verspricht Hans, dass er sich in St. Ottilien vorstellen werde, wenn er die Kriegsgefangenschaft wohlbehalten überstehe.

Doch zunächst wird das Lager von Orléans nach Chartres verlegt. „Es kamen so viele Männer, dass das Lager in Orléans schnell zu klein wurde. In Chartres hatten wir zwar etwas mehr Platz, aber die Verhältnisse waren trotzdem ungenügend. Vor allem die schlechte Lebensmittelversorgung machte uns anfangs schwer zu schaffen." Nichtsdestotrotz sind die Männer froh, studieren zu können. Rund 600 Seminaristen aus Chartres werden nach der Gefangenschaft zum Priester geweiht – darunter spätere Bischöfe, Weihbischöfe und Äbte.

Als Hans am 29. Juni 1946 nach Hause zurückkehrt, hat er das Versprechen, das er Pater Albert gegeben hat, nicht vergessen. „Für mich war klar, dass ich nach St. Ottilien gehe, obwohl ich das Kloster noch nie gesehen hatte." Hans schreibt einen Brief mit seinem Anliegen an den damaligen Erzabt Chrysostomus und erhält als Antwort, dass er schnellstmöglich kommen solle. „Ich habe mich gefreut, aber für meine Eltern war es schwer, dass ich unmittelbar nach meiner Rückkehr aus der Kriegsgefangenschaft ins Kloster gehen wollte." Doch schließlich willigen sie ein und alles geht ganz schnell: Am 29. August 1946 – genau zwei Monate nach seiner Rückkehr aus Frankreich – trifft Hans in St. Ottilien ein. Bereits eine Woche später ist er Novize und erhält den Namen Remigius.

„Damals gab es zwei Noviziate: eins für die künftigen Patres, das sogenannte Klerikernoviziat, und das Brüdernoviziat. Heute gibt es diese Unterscheidung nicht mehr. Überhaupt hat sich in den vergangenen Jahrzehnten sehr viel verändert. In der Anfangszeit durften wir den Klausurbereich nur mit Genehmigung des Magisters verlassen. Selbst wenn ich auf dem Gelände etwas zu erledigen hatte, musste ich mir dafür eine Erlaubnis holen. Wir hatten auch keine eigenen Zimmer. Unsere Betten standen in einem großen Schlafsaal und waren nur durch Vorhänge voneinander abgetrennt. Das war die einzige Privatsphäre, die wir hatten. In den Unterrichtsräumen im Noviziat hatte jeder von uns ein Pult. Darin bewahrten wir unsere Unterlagen auf. Und auf dem Flur standen Spinde für unsere Kleider. Kontakte nach außen sollten wir abbrechen – vor allem zu unseren Freunden. Nur den Eltern durften wir einmal pro Monat einen Brief schreiben. Heimaturlaub gab es aber nicht." Remigius sieht seine Eltern erst im September 1947 wieder, als sie zur Feier seiner Profess nach St. Ottilien kommen.

„Viele, die damals eingetreten sind, hatten nicht das Ziel, als Mönch in St. Ottilien zu leben, sondern wollten als Missionare entsandt werden. Hier in der Erzabtei blieben nur die, die dringend als Patres, in der Schule als Lehrer, als Mitarbeiter in der Ökonomie oder den Handwerksbetrieben gebraucht wurden. Alle anderen durften in die Mission gehen." Remigius studiert Philosophie und Theologie in Dillingen und Rom. 1951 wird er zum Priester geweiht. Nach Abschluss seiner Studien wird er 1954 mit der Arbeit *Mönchtum und kirchlicher Dienst in den Schriften Gregors des Großen* zum Dr. theol. promoviert und unterrichtet anschließend am Gymnasium in St. Ottilien ein Jahr Religion. „Ich hatte einige meiner heutigen Mitbrüder als Schüler. Darunter waren zum Beispiel unser ehemaliger Prior Claudius und der emeritierte Abtprimas Notker Wolf. Es hat mich immer gefreut, wenn einer meiner Schüler bei uns ein wichtiges Amt übernommen hat."

1955 wird Pater Remigius von Erzabt Chrysostomus gefragt, ob er bereit wäre, für ein bis zwei Jahre nach Tansania zu gehen. „Ich willigte ein und so wurde ich Dozent an unserem Priesterseminar in Peramiho." Er genießt seinen Aufenthalt in Afrika. „Neben meiner Lehrtätigkeit war ich auch Seelsorger und habe sonntags aushilfsweise Gottesdienste in verschiedenen Gemeinden gehalten. Bald konnte ich so gut Kisuaheli sprechen, dass ich das Evangelium in der Landessprache verkünden konnte."

Bevor sich Pater Remigius' Zeit in Afrika dem Ende nähert, wird in St. Ottilien ein neuer Abt gewählt. „Da ich sehr gerne in Tansania bleiben wollte, verlängerte der neue Erzabt Suso meinen Missionseinsatz – quasi als Morgengabe nach seiner Abtswahl – zunächst auf unbestimmte Zeit." Je länger Pater Remigius in Peramiho ist, desto vielfältiger werden seine Aufgabenbereiche. „Ich habe Verwaltungstätigkeiten übernommen, Krankensalbungen in der Leprastation gespendet und Exerzitienkurse geleitet. Aber auch unter theologischen Gesichtspunkten war es eine fruchtbare Zeit für mich. Um die Seminaristen unterrichten zu können, musste ich mich selbst intensiv mit den verschiedensten Themen auseinandersetzen."

1961 endet die schöne Zeit in Afrika. „Abt Suso war auf Visitation in Peramiho und hat mir mitgeteilt, dass ich nach Deutschland zurückkehren muss. Sowohl der ortsässige Bischof als auch ich haben darum gekämpft, meinen Missionseinsatz zu verlängern, aber wir hatten keinen Erfolg." Als Abt Suso damit droht, keine jungen Missionare mehr nach Tansania zu entsenden, beugt sich Pater Remigius schließlich. „Gehorsam ist Teil des Ordenslebens. Auch wenn man manche Entscheidungen nicht sofort nachvollziehen kann, muss man sich unterordnen. Im Nachhinein muss ich sagen, dass Abt Susos Entscheidung richtig war. Für die jungen Mönche in der Heimat war der Austausch mit erfahrenen Missionaren sehr wichtig."

1962 wird eine neue Aufgabe an Pater Remigius herangetragen: Er soll Präfekt des Ottilien-Kollegs werden, einem Wohnheim für Theologiestudenten in München. „Der Wechsel von der Abgeschiedenheit Peramihos in die bayerische Landeshauptstadt war schwer für mich. In meiner neuen Funktion musste ich ein Haus mit 45 jungen Männern leiten. Das war eine große Herausforderung: In Rom fand das Zweite Vatikanische Konzil statt und an der Universität brodelten unter den Studenten bereits die Ausläufer der 68er-Bewegung. Zudem hatte ich strenge Vorgaben, wie ich das Haus führen sollte. Das war manchmal kaum durchsetzbar."

Hinzu kommen im Laufe der Zeit weitere Aufgaben. „Erzabt Suso hatte in München einen Lehrstuhl am Missionswissenschaftlichen Seminar inne und bat mich, sein Assistent zu werden. 1964 wurde dann das Institut für Katechetik und Homiletik – also Religionspädagogik und Predigtlehre – errichtet. Hier wurde ich Dozent für Missionstheologie und Missionswissenschaft. Außerdem leitete ich Exerzitienkurse in verschiedenen Klöstern und war als Aushilfspfarrer im Einsatz." Irgendwann wird das alles zu viel für Pater Remigius und er muss sich eine ärztlich verordnete Auszeit nehmen. „Insgesamt war ich 17 Jahre in München. Nach den anfänglichen Schwierigkeiten habe ich mich dort wohlgefühlt und konnte den wissenschaftlichen Austausch an der Universität und das kulturelle Angebot genießen."

Nach einer Zwischenstation in St. Ottilien als Gastpater muss Pater Remigius 1980 erneut seine Koffer packen. Dieses Mal heißt sein Reiseziel: Jerusalem. „Ich sollte ein Jahr lang in der Dormitio-Abtei aushelfen." Nach zwei Jahrzehnten in leitenden Positionen empfindet es Pater Remigius als Wohltat, dass er sich in Jerusalem bodenständigen Aufgaben widmen kann. „Ich war für alle Tätigkeiten rund um Kirche, Sakristei und Haus zuständig. Ich habe geputzt, Gästegruppen betreut und Gottesdienste gehalten – einfach alles, was gerade anfiel." Trotzdem kommen auch die geistlichen Themen nicht zu kurz. „Die Dormitio-Abtei bietet seit vielen Jahrzehnten das Theologische Studienjahr an, das den ökumenischen und interkulturellen Austausch fördert. Deshalb waren immer viele Studenten und Dozenten bei uns zu Gast."

Als Pater Remigius nach einem Jahr nach St. Ottilien zurückkehrt, bleibt er der Dormitio-Abtei eng verbunden. „Jedes Jahr verbrachte ich meine Ferien dort, um den Kurs *Kloster auf Zeit* zu begleiten. Das war eine erfüllende Aufgabe für mich. In St. Ottilien war ich in der Zwischenzeit als Gastpater tätig, habe als Aushilfspfarrer Gottesdienste in verschiedenen Gemeinden im Umland gehalten und Exerzitienkurse geleitet. Außerdem habe ich mich auch um das kulturelle Angebot der Erzabtei gekümmert. Die Begegnungen mit unseren Gästen waren sehr wertvoll für mich. Als Gastpater habe ich zwar viel gegeben, aber ich habe auch sehr viel von unseren Gästen zurückbekommen. Viele

Gespräche waren eine große Bereicherung für mich. Daraus sind echte Freundschaften entstanden, die ich bis heute pflege. Solche Beziehungen sind meiner Meinung nach wichtig für ein erfülltes Leben." Bis 1993 – da ist Pater Remigius mit Mitte 60 eigentlich schon im Rentenalter – bleibt er in St. Ottilien. Dann ereilt ihn erneut der Ruf nach Israel.

„Die Dormitio-Abtei unterhält ein abhängiges Haus in Tabgha am See Genezareth. Dafür wurde dringend ein Superior, also ein Leiter, gesucht. Diese Aufgabe habe ich übernommen." Allerdings verläuft sein Auslandseinsatz anders als erwartet. „Die Zustände, die dort herrschten, waren nicht mehr tragbar und das Haus arbeitete defizitär. Das sollte ich ändern. Damit machte ich mir aber vor Ort keine Freunde." Und so beendet Pater Remigius seine Arbeit in Tabgha 1996 und kehrt endgültig nach St. Ottilien zurück.

Wieder in der Heimat, engagiert er sich neben seelsorgerischen Tätigkeiten und einem erneuten Einsatz als Gastpater vor allem als Organisator spiritueller Reiseangebote. „Durch meine Aufenthalte in Jerusalem und Tabgha hatte ich die heiligen Stätten so liebgewonnen, dass ich sie auch anderen Menschen zeigen wollte. Deshalb habe ich viele Reisen dorthin organisiert. Das waren immer ganz besondere Erlebnisse. Meist waren wir 14 Tage unterwegs: zunächst mit dem Bus durch Israel und Jordanien, im Anschluss – weitgehend zu Fuß – durch den Sinai." Während er erzählt, merkt man Pater Remigius an, dass seine Begeisterung für die Reisen durch das Heilige Land bis heute anhält. „Noch mit 80 Jahren bestieg ich den Katharinenberg, auf dessen Gipfel wir – nach einer kalten Nacht in Schlafsäcken – am Morgen die Eucharistie feierten. Danach stiegen wir ab ins Wadi Arbain, um am Nachmittag den Mosesberg zu erklimmen. Dort ließen wir den Tag mit dem Abendlob ausklingen. Dass es mir bei diesen Reisen gelungen ist, das, was mich biblisch bewegte und erfreute, mit denen, die dabei waren, zu teilen, habe ich immer als sehr beglückend empfunden."

Doch nicht alle Reisen führen Pater Remigius in die Ferne. „Ich habe auch besinnliche Wanderwochen im Großen Walser Tal, im Tannheimer Tal, in der Tiroler Zugspitz Arena und in Südtirol geleitet. Außerdem habe ich Fußwallfahrten von St. Ottilien zu bekannten Wallfahrtsorten wie zum Beispiel zur Wies-Kirche, nach Maria Birkenstein oder St. Georgenberg in Tirol organisiert. Obwohl die Vorbereitungen immer mit viel Aufwand verbunden waren und ich halbe Nächte am Schreibtisch verbracht habe, um neue geistliche Themen und Impulse zu erarbeiten, war es mir eine große Freude, meine missionarische Sendung auf diese Weise erfüllen zu können. Denn: Wovon das Herz voll ist, das will und muss umgesetzt werden. Darüber hinaus habe ich auch von den Teilnehmern viel zurückbekommen, was mich überaus glücklich macht und im hohen Alter bestätigt, dass ich richtig gelebt habe und dankbar auf mein Leben zurückblicken kann." Noch heute, mit über 90 Jahren, fährt Pater Remigius gerne in die Berge. „Auch wenn ich nicht mehr auf die höchsten Gipfel steigen kann, genieße ich die wunderbare Schöpfung." Auf die Frage, wie er denn an seine Reiseziele kommt, antwortet er lächelnd: „Das ist doch ganz einfach. Von München aus kann man mit dem Fernbus überall hinfahren."

Eine gute Etappe
auf meinem Weg

Susanne,
ehemalige Schwester

„Ich hatte das Gefühl, meinen Platz gefunden zu haben
und sehr gemocht zu werden. Trotzdem wusste ich,
dass mein Weg an dieser Stelle zu Ende war."

Wer die Entscheidung trifft, in einen Orden einzutreten, setzt alles
auf eine Karte: Wohnung und Bankkonten werden aufgelöst, Ar-
beitsvertrag und Versicherungen gekündigt, Hab und Gut ver-
schenkt. Nur ein paar persönliche Dinge kann man in der Regel be-
halten. Stattdessen verspricht man nach den evangelischen Räten
in Armut, ehelos und gehorsam zu leben. Kein Wunder, dass es bei
vielen, die sich zum Ordensleben berufen fühlen, ein langer Prozess
ist, bis sie den finalen Schritt wagen. Gelingt das Leben im Orden,
ist alles gut. Gelingt es nicht, zerbricht ein Lebenstraum. „Das fühlt
sich an, wie wenn man vor den Scherben einer Beziehung steht", er-
zählt Susanne, die diese schmerzliche Erfahrung selbst gemacht hat.
Heute ist sie verheiratet und lebt mit ihrem Mann und zwei Kindern

189

in einer glücklichen Familie. Sie wirkt zufrieden, ausgeglichen und
ist mit sich selbst im Reinen.

„Es ist ein großes Geschenk für mich, dass ich mit der Gemeinschaft, in der ich sieben Jahre gelebt habe, einen guten, freundschaftlichen Umgang pflegen kann. Das ist leider nicht immer so. Je nachdem, wie der Austritt vonstattengeht, kann es auf beiden Seiten – beim Austretenden und bei der Gemeinschaft – tiefe Wunden hinterlassen. Manchmal kommt es auch zu wüsten Auseinandersetzungen." Dabei kann sowohl der Grund des Austritts als auch die Phase des Ordenslebens, in der die- oder derjenige sich gerade befindet, eine Rolle spielen: Vor der Ewigen Profess, also vor dem Versprechen auf Lebzeiten, ist es theoretisch jederzeit möglich zu gehen. Danach ist der Trennungsakt etwas aufwendiger. Grundsätzlich ist die Lösung der Gelübde jedoch möglich und kirchenrechtlich klar geregelt.

Susanne ist Mitte 20, als sie ihre Berufung zum ersten Mal spürt. „Ich arbeitete damals als Erzieherin, lebte mit einer Freundin in einer Wohngemeinschaft in einer süddeutschen Großstadt und war mit meinem Leben zufrieden. Trotzdem habe ich mir immer wieder die Frage gestellt, was mich in meinem tiefsten Inneren glücklich macht. Ich wusste, dass vieles möglich ist und dass man fast alles erreichen kann. Aber ich habe auch gespürt, dass ich eine tiefe Sehnsucht habe, die sich mit Materiellem nicht stillen lässt."

Nach dem Weltjugendtag 2000 in Rom wird Susannes Wunsch nach mehr Spiritualität im Leben immer stärker. „Am Anfang war das Gefühl, meine Berufung zu spüren, so kostbar für mich, dass ich gar nicht darüber sprechen konnte. Ich musste meine Gedanken und Gefühle erst mal sortieren. Es gab auch viele Fragen, die mich beschäftigt haben: Ist es überhaupt machbar, ins Kloster zu gehen? Was würde das konkret bedeuten? Ist das ein realistischer Wunsch? Ich vergleiche meine Gefühle von damals gerne damit, wie es sich anfühlt, wenn man eine heiße Kartoffel, die man schälen will, aus dem Topf nimmt. So wie man die heiße Kartoffel in der Hand jongliert, so habe ich mit meinen Gefühlen jongliert." Susanne besucht verschiedene Gemeinschaften und verbringt Tage im Kloster. „Je häufiger ich im Kloster war, desto stärker wurde mein Wunsch, einzutreten. Irgendwann konnte ich dann auch darüber sprechen."

Die Reaktionen ihres Umfelds sind sehr unterschiedlich. „Mein Vater beispielsweise konnte meinen Entschluss nicht nachvollziehen. Aber er hat mir zugestanden, meinen Weg zu gehen. Er hat gesagt, dass ich es machen soll, wenn ich es wirklich will. Und er hat auch gesagt, dass ich jederzeit wieder austreten kann. Dass meine Eltern für mich da sind, wenn ich merke, dass es doch nicht das Richtige für mich ist. Das hat mir sehr gutgetan. Es gab Leute, die nicht überrascht waren, als sie von meinen Plänen hörten. Sie hatten damit schon irgendwie gerechnet. Andere konnten überhaupt nicht damit umgehen, sodass der Kontakt schließlich abgebrochen ist.

Ich bin grundsätzlich ein sehr kritischer Mensch – auch der katholischen Kirche gegenüber. Das war schon immer so und hat sich bis heute nicht geändert. Deshalb haben viele Leute nicht verstanden, warum ausgerechnet ich ins Kloster gehen will. Viele haben immer noch die Vorstellung, dass man im Orden angepasst leben muss und keine eigene Meinung haben darf. Das habe ich anders erlebt: Ich hatte beispielsweise schon vor meinem Eintritt ein Nasenpiercing. Diesen kleinen Stecker habe ich auch während meiner Ordenszeit getragen. Das stand nicht zur Diskussion.

Generell habe ich das Thema Gehorsam so erfahren, dass es darum geht, auf mich und mein Gewissen zu hören und darauf zu vertrauen, dass ich Gottes Stimme wahrnehme. Ich habe gelernt, dass es darauf ankommt, gut bei mir zu sein, um mich sinnvoll mit anderen Menschen – im Kloster mit Mitschwestern und der Ordensleitung – austauschen zu können. Das heißt auch, dass ich selbst spüren muss, was ich brauche und wo meine Grenzen sind. Und dass ich fähig sein muss, das zu formulieren."

Als die Entscheidung, ins Kloster einzutreten, feststeht, fällt es Susanne überraschend leicht, ihren Hausstand aufzulösen. „Einen Teil meiner Sachen hat meine Mitbewohnerin behalten. Den anderen Teil habe ich einer Freundin geschenkt, die zu dieser Zeit gerade schwanger geworden war. So wusste ich alles in guten Händen. Obwohl es nicht reglementiert war, was oder wie viel man mitbringen darf, habe ich versucht, nur das Wichtigste zu behalten. Ich wusste ja, dass alles in ein Zimmer passen musste. Viel schwerer, als mich von Materiellem zu trennen, war es für mich, Menschen, Beziehungen zurückzulassen. Meine Nichte, deren Patin ich bin, war damals gerade drei Jahre alt. Es war schmerzhaft für mich zu wissen, dass ich bei wichtigen Ereignissen in ihrem Leben vielleicht nicht dabei sein kann."

Trotzdem fühlt sich Susanne im Orden wohl und bereut ihren Schritt nicht. „Die Noviziatszeit habe ich in besonders guter Erinnerung. Wir waren zu fünft und haben uns sehr gut verstanden. Wir haben intensive Gespräche geführt und hatten viel Spaß zusammen.

Besonders bereichernd war, dass wir die Noviziatsschule einer Diözese besuchen durften. Dieser Austausch mit Novizinnen aus anderen Gemeinschaften hatte etwas sehr Beflügelndes. Es war sowohl spirituell als auch menschlich eine tolle Zeit."

Bis zur Erstprofess leben die Schwestern im Mutterhaus. „Dort gibt es mehrere junge Frauen, sodass eine gewisse Offenheit herrscht und man sich gut einleben kann. Heimatbesuche sind während des Noviziats nicht vorgesehen. Dabei geht es nicht darum, den Kontakt zur Familie oder den Freunden zu kappen, sondern darum, in Ruhe in der Gemeinschaft ankommen und in die neue Lebensform hineinwachsen zu können. Besuche bei uns waren aber zu jeder Zeit problemlos möglich. Meine Eltern waren oft da. Es war schön zu sehen, dass sie sich auf den Weg machten, um bei mir sein zu können."

Kurz vor Susannes Erstprofess erleidet ihr Vater einen Schlaganfall. „Das war noch in der Phase, in der wir eigentlich nicht nach Hause fahren durften. In dieser besonderen Situation wurde aber eine Ausnahme gemacht. Es war eine wertvolle Erfahrung für mich, auch im Kloster zu erleben, dass Regeln hinterfragt werden müssen, um sinnvoll angewandt werden zu können. Es war sowohl menschlich als auch christlich richtig und wichtig, mich fahren zu lassen."

Nachdem Susanne ihre Erstprofess abgelegt hat, verändert sich ihr Leben im Orden. „In unserer Gemeinschaft war es üblich, das Mutterhaus zu verlassen und in kleine Konvente zu gehen, um in den sozial-karitativen Einrichtungen mitzuarbeiten. Unsere eingeschworene Novizinnengemeinschaft gab es dann nicht mehr. Das war eine große Umstellung. In den meisten kleinen Konventen waren die Schwestern deutlich älter als ich, sodass ich aufpassen musste, sie mit meiner Power und meinem Elan nicht zu überrollen. Ich musste ständig hinterfragen, was von meinen Ideen umsetzbar ist und was nicht. Wir waren durch den großen Altersunterschied und auch durch das Bildungsniveau teilweise sehr weit voneinander entfernt. Da war viel Fingerspitzengefühl nötig. Ich wollte niemanden vor den Kopf stoßen, aber ich wollte auch ich selbst sein. Es gab Phasen, da haben mir Menschen außerhalb der Gemeinschaft mehr gegeben als meine Mitschwestern."

Trotzdem blickt Susanne – rund zehn Jahre nach ihrem Austritt – sehr wohlwollend auf ihre Zeit im Kloster zurück. „Ich habe in den sieben Jahren, die ich im Orden war, sehr viele inspirierende Menschen kennengelernt. Das war eine große Bereicherung für mein Leben. Außerdem konnte ich mir damals Zeit nehmen, meine eigene Spiritualität zur Entfaltung zu bringen. Das sehe ich bis heute als kostbaren Schatz, für den ich sehr dankbar bin.

Eine andere Erfahrung, die mich nachhaltig geprägt hat, war die Begegnung mit dem Tod. Während meiner Ordenszeit durfte ich den Sterbeprozess vieler Schwestern begleiten. Der Tod gehört zum Leben – nicht nur in der Eucharistiefeier, sondern auch in der Realität. Der Umgang mit dem Abschiednehmen, dem Sterben und dem Tod ist etwas sehr Selbstverständliches für mich geworden. Heute arbeite ich im Bereich christliche Patientenvorsorge. Es ist mir ein Anliegen, das Thema Tod zu enttabuisieren. Das hat viel mit meiner Ordenszeit zu tun. Der heilige Franziskus spricht vom ‚Bruder Tod'. Das ist ein schönes Bild. Aber dieser

Bruder Tod hat viele Facetten: Der eine erlebt ihn mit einer hässlichen Fratze – zum Beispiel dann, wenn ein Mensch unerwartet mitten aus dem Leben gerissen wird –, der andere erlebt ihn sanft und erlösend.

Mir ist es wichtig, meinen Blick bewusst darauf zu lenken, wie ich lebe. Was brauche ich, um glücklich zu sein? Wie kann ich mein Leben bewusst gestalten und genießen? Natürlich unterliegen wir im Alltag auch Zwängen, aber das Bewusstsein für das Schöne ist wichtig. Und dafür, wie reich wir von Gott beschenkt wurden. Was bleibt, wenn ich gehe? Welche Spuren will ich hinterlassen?"

Noch während ihrer Ordenszeit beginnt Susanne ein Studium im sozialen Bereich. „Irgendwann hat sich ein Mitstudent in mich verliebt. Ich konnte am Anfang gar nicht damit umgehen. Ich war ja als Schwester im Habit an der Hochschule und habe auch in einer Studentinnengemeinschaft bei Schwestern gewohnt. Ich hatte die Vorstellung, dass man sich nicht in eine Ordensfrau oder einen Ordensmann im Habit verlieben kann. Für mich gab es da eine ganz klare Grenze."

Doch je länger der Zustand anhält, desto mehr merkt Susanne auch bei sich eine Veränderung. „Plötzlich kam ganz deutlich die Frage nach einer eigenen Familie in mir hoch. Ich spürte auf einmal, wie sehr ich mir ein Kind wünschte. Damit hatte ich überhaupt nicht gerechnet." Ältere Schwestern, die Susanne ins Vertrauen zieht, wollen sie damit beruhigen, dass es nur die biologische Uhr sei, die bei jeder Frau zwischen 30 und 40 zu ticken beginne. Aber Susanne merkt, dass es bei ihr tiefer geht. „Je mehr ich darüber nachgedacht und in mich hineingehört habe, desto deutlicher habe ich gemerkt, dass es nicht nur die biologische Uhr war, sondern ein inniger Wunsch, der immer stärker wurde. Die Erkenntnis war sehr hart für mich. Ich mochte meine Gemeinschaft sehr gerne und bin ja auch mit der Erwartung eingetreten, für immer zu bleiben. Und dann passiert kurz vor der Feierlichen Profess so was. Das hat mich extrem irritiert und verwirrt."

Als Susanne merkt, dass auch sie Gefühle für ihren Kommilitonen entwickelt, ist ihr klar, dass sie ihre Lebensform grundlegend überdenken muss. „Ich wollte keinesfalls zweigleisig fahren und noch während meiner Ordenszugehörigkeit eine Beziehung beginnen. Ich weiß natürlich, dass es so etwas gibt, aber für mich kam das nicht infrage. Ich bin grundsätzlich sehr radikal: Entweder ich bin Ordensfrau oder nicht. Ein heimliches Techtelmechtel war für mich keine Option."

Als Susanne schließlich die Entscheidung trifft, den Orden zu verlassen, ist sie 33 Jahre alt und absolviert gerade ein Praxissemester. „Während des Praxissemesters habe ich bei Schwestern gewohnt, die nicht zu meiner Gemeinschaft gehörten. Diese Schwestern haben mich während des gesamten Trennungsprozesses begleitet. Das war ein großer Segen für mich. Sie sind die Perlen in meinem Leben. Denn kurz vor den Ewigen Gelübden den Orden zu verlassen, war mit großen Schmerzen verbunden – sowohl für mich als auch für meine Mitschwestern. Dass es seitens des Ordens viele Bestrebungen gab, mich zu halten, hat die Situation nicht leichter gemacht. Es lag ja nicht daran, dass ich mich in meiner Gemeinschaft unwohl gefühlt hätte. Das Gegenteil war der Fall. Ich hatte das Gefühl, meinen Platz gefunden zu haben und sehr gemocht zu werden. Trotzdem wusste ich, dass mein Weg an dieser Stelle zu Ende war."

Die Reaktionen der Mitschwestern fallen unterschiedlich aus. „Eine Schwester hat mir ins Gesicht gesagt, wie enttäuscht sie von mir ist. Eine andere konnte die Situation reflektierter betrachten. Sie meinte: ‚Das ist der Rahmen, den wir dir geben können. Die Zeit vor der Ewigen Profess ist dazu da, dich zu erproben. Wir müssen jetzt damit umgehen können, dass du gehst.'

Weil Susanne nicht jeder einzelnen Schwester persönlich erklären kann, warum sie die Gemeinschaft verlassen wird, beschließt sie, einen offenen Brief zu schreiben. „Es war mir sehr wichtig, meine Beweggründe darlegen zu können. Ich habe darum gebeten, dass mein Schreiben im Rundbrief, den jede Schwester erhält, veröffentlicht wird. Darin habe ich erklärt, dass sich ein Mann in mich verliebt hat und was dadurch bei mir zum Klingen gebracht wurde. Ich habe aber auch sehr deutlich formuliert, dass ich während meiner Zeit als Schwester keine Beziehung mit ihm hatte. Das war mir ein großes Anliegen. Ich wollte so offen und ehrlich wie möglich sein."

Tritt ein Ordensmitglied aus der Gemeinschaft aus, sind neben aller Emotionalität auch ganz praktische Fragen zu klären: Wann und wie soll der Austritt stattfinden? Wo kann der Ausgetretene in Zukunft wohnen? Welche Unterstützung bekommt er von der Gemeinschaft, um sich ein neues Leben aufbauen zu können? Für die Zeit der Ordenszugehörigkeit ist die Sozialversicherung durch die Gemeinschaft zu entrichten. Wie hoch die finanzielle Unterstützung darüber hinaus ausfällt, wird individuell geregelt. Kommt es hierbei zu Differenzen zwischen dem Austretenden und der

Gemeinschaft, kann die Schlichtungsstelle der Ordensoberenkonferenz um Hilfe gebeten werden.

Susanne hat Glück. „Ich konnte mein Praxissemester zu Ende bringen und bei den dortigen Schwestern wohnen bleiben. Außerdem habe ich bis zum Ende meines Studiums ein elternunabhängiges BAföG erhalten, sodass auch das finanzielle Thema schnell geklärt war. Trotzdem war es nach sieben Jahren eine Herausforderung, sich um bestimmte Dinge wieder selbst kümmern zu müssen. Da war ich froh, dass ich vor meinem Eintritt ins Kloster schon einige Jahre auf eigenen Beinen gestanden hatte und mich damit auskannte."

Die Frage, ob es schwieriger war, sich für den Eintritt oder den Austritt zu entscheiden, kann Susanne nur schwer beantworten: „Für beides gab es in der jeweiligen Lebensphase gute Argumente. Aus heutiger Sicht kann ich sagen, dass ich jeweils die für mich richtige Entscheidung getroffen habe. Ich habe weder bereut, eingetreten zu sein, und möchte die Zeit im Kloster keinesfalls missen, noch habe ich es bereut, dass ich wieder ausgetreten bin. Ich denke, dass ich heute nicht die wäre, die ich bin, wenn mein Leben geradlinig verlaufen wäre. Die wertvollen, prägenden und bereichernden Erfahrungen, die ich im Orden gemacht habe, haben bis heute einen wichtigen Anteil an meiner persönlichen Entwicklung. Wichtig war für mich immer, dass ich gespürt habe, dass Gott meine Wege begleitet. Egal, welchen Weg ich beschreite, Gott geht mit mir. Das ist für mich ein großes Geschenk."

Fünf Jahre dauert es, bis Susanne ihre ehemaligen Mitschwestern zum ersten Mal besucht. „Es war sehr aufregend für mich, wieder dorthin zu fahren. Ich wurde von einer früheren Mitschwester zu einem runden Geburtstag eingeladen. Da wollte ich gerne dabei sein. Also habe ich mich zusammen mit meinem Mann und den Kindern auf den Weg gemacht. Das Wiedersehen war sehr emotional – es sind viele Tränen geflossen. Inzwischen ist mein ehemaliger Orden sowohl für meine Familie als auch für mich ein besonderer und wichtiger Ort, den wir gerne gemeinsam besuchen. Darüber freue ich mich sehr."

Das allerbeste Leben,
das es gibt

Schwester Kerstin-Marie Berretz, Jg. 1979,
Arenberger Dominikanerin, Oberhausen

„Ich finde, Ordensleben ist das allerbeste Leben, das es gibt.
Aber bevor man sich dafür entscheidet, muss man genau prüfen,
welche Bedürfnisse man hat. Man muss sich die Frage stellen,
was man braucht, damit es einem gut geht.
Und man muss auf seine innere Stimme hören,
um herauszufinden, ob man wirklich die Sehnsucht hat,
Jesus nachzufolgen, oder ob etwas anderes
mit dem Klostereintritt kompensiert werden soll."

Folgt man Schwester Kerstin-Marie auf Instagram, erkennt man
schnell, dass sie ein Genussmensch ist. Es gibt Fotos von Kuchen mit
Schlagsahne, Cappuccino mit viel Milchschaum und stimmungsvolle
Landschaftsaufnahmen. Als Slogan steht unter ihrem Namen ‚fröh-
lich unterwegs' – und das nimmt man der 40-jährigen Dominikane-
rin ohne jeden Zweifel ab. „Für mich ist das Ordensleben ein Leben
in Fülle und nicht des Verzichts", erklärt sie, als ich mich mit ihr in

einem Café in München treffe. Das ist ein spannender Aspekt, dem ich in unserem Gespräch nachgehen möchte. Doch zunächst sprechen wir über ihre Tätigkeit als Coach, die sie mit großer Hingabe im Vincenzhaus in Oberhausen und per Skype ausübt.

„Ich liebe das Leben und glaube, dass uns das Leben geschenkt ist, damit wir glücklich sind. Um glücklich zu werden, muss ich selber loslegen. Und dann merke ich, dass ich viel bewirken kann", heißt es auf Schwester Kerstin-Maries Website. Und weiter: „Ich entdecke, was mir Freude macht, was ich gut kann, wie ich mit anderen unterwegs sein kann. So werde ich immer mehr ich selbst und das macht mich glücklich. Oder anders ausgedrückt: Gott hat sich etwas für mich ausgedacht, als er mich erschaffen hat. Und wenn ich das entdecke und lebe, wird mein Leben wunderbar." Dass sie für sich den richtigen Weg gefunden hat, merkt man der selbstbewussten Ordensfrau an. Sie wirkt fröhlich, ausgeglichen und strahlt von innen heraus. Dabei ist ihr Leben alles andere als geruhsam. Die Diplom-Theologin absolviert gerade ein zusätzliches Doctor-of-Ministry-Studium in den Vereinigten Staaten, schreibt für die Missionszeitschrift *Kontinente* und die Katholische Nachrichtenagentur, teilt sich mit einer Kollegin einen Lehrauftrag am *House of Competence* des Karlsruher Instituts für Technologie und betreibt ihre eigene Coachingpraxis.

„Es macht mir Freude, Menschen auf ihrem Weg zu begleiten. Vor allem das Thema Berufungscoaching liegt mir sehr am Herzen. Ich glaube, dass wir alle einzigartig sind und dass wir berufen sind, mit unseren Talenten und Fähigkeiten unseren eigenen Weg zu gehen. Ich kann den Menschen helfen, diese Berufung zu entdecken und danach zu leben – völlig unabhängig von einer möglichen Berufung zum Ordensleben. Wenn jemand kommt, der darüber nachdenkt, in einen Orden einzutreten, freue ich mich natürlich. Ich finde, Ordensleben ist das allerbeste Leben, das es gibt. Aber bevor man sich dafür entscheidet, muss man genau prüfen, welche Bedürfnisse man hat. Man muss sich die Frage stellen, was man braucht, damit es einem gutgeht. Und man muss auf seine innere Stimme hören, um herauszufinden, ob man wirklich die Sehnsucht hat, Jesus nachzufolgen, oder ob etwas anderes mit dem Klostereintritt kompensiert werden soll."

Schwester Kerstin-Marie entscheidet sich mit 29 Jahren dafür, bei den Arenberger Dominikanerinnen einzutreten. Davor studiert sie Theologie in Bochum und München. „Dass ich einmal Theologie studieren will, wusste ich schon recht früh. Das Fach hat mich sehr interessiert und ich wollte möglichst viel darüber erfahren. Ich bin 1979 in Wuppertal geboren und in Sprockhövel-Haßlinghausen aufgewachsen. In unserer Gemeinde waren wir als Katholiken in der Minderheit. Das war eine klassische Diasporasituation. Trotzdem waren meine Eltern in der Kirche aktiv. Unser Vater – ich bin das zweite von drei Kindern – war im Pfarrgemeinderat und unsere Mutter engagierte sich in der KFD, der Katholischen Frauengemeinschaft Deutschlands. Für uns war es selbstverständlich, sonntags den Gottesdienst zu besuchen und nach der Erstkommunion Messdiener zu werden. Außerdem bin ich Pfadfinderin. Das hat mich auch geprägt."

Während sich andere Jugendliche in der Pubertät eher von der Religion abwenden, wächst Kerstins Interesse zusehends. „Als ich 15 war, fuhren wir zur Ministranten-Wallfahrt nach Rom. Damals haben wir auch die Domitilla-Katakomben besucht. Das hat mich sehr beeindruckt. Die Katakomben sind echte Zeugnisse aus der Zeit Jesu. Da haben sich die frühen Christen vor 2000 Jahren versteckt. Ein anderes prägendes Ereignis war mein erster Besuch in Taizé. Damals war ich etwa 17. Dort habe ich das Gebet in Stille und einen regelmäßigen Gebetsrhythmus kennengelernt. Außerdem konnte ich mich in Taizé zum ersten Mal mit anderen Jugendlichen intensiv über meinen Glauben austauschen. Je älter ich wurde, desto mehr habe ich das persönliche Gebet für mich entdeckt und konnte immer tiefer in meinen Glauben eintauchen."

Nach ihrem Studium absolviert Kerstin eine Ausbildung zur Pastoralreferentin im Bistum Trier. „2005 gab es bei uns im Bistum eine Klosternacht. Da waren Ordensleute aus verschiedenen Gemeinschaften vertreten und haben sich mit Interessierten ausgetauscht. An diesem Abend lernte ich unsere heutige Generaloberin Schwester Scholastika kennen. Ihre erfrischende Art hat mich sofort angesprochen. Andere Ordensfrauen, mit denen ich bis dahin Kontakt hatte, wirkten oft etwas behäbig auf mich."

Dass Schwester Scholastika einen nachhaltigen Eindruck hinterlässt, zeigt sich zwei Jahre später. „Ich habe mir die Entscheidung, in ein Kloster einzutreten, nicht leicht gemacht. Vor allem, weil ich viele Geschichten von Frauen kannte, die wieder ausgetreten sind. Und das ist häufig alles andere als schön verlaufen. Als ich aber schließlich sicher war, dass es der richtige Weg für mich ist, war sofort klar, dass nur Arenberg infrage kommt. Ich hatte verschiedene Gemeinschaften angesehen – nur Arenberg nicht. Trotzdem war ich sicher, dass das der richtige Ort für mich ist.

Ich habe einen Termin vereinbart und bin hingefahren. Ohne viel über die Gemeinschaft zu wissen."

Die Eltern sind nicht begeistert, als Kerstin ihnen ihren Entschluss mitteilt. „Vor allem für meine Mutter war es eine schreckliche Vorstellung. Als sie dann aber ein paar meiner künftigen Mitschwestern bei meiner Wohnungsauflösungsparty kennengelernt hat, konnte sie sich mit dem Gedanken allmählich anfreunden.

Amüsant war hingegen die Reaktion meines Chefs im Dekanat. Als ich ihm von meinen Plänen erzählte, meinte er: ‚O Gott, was machen wir nur falsch?' Er bezog es zwar sicherlich darauf, dass meine Stelle dadurch wieder vakant wurde, aber lustig fand ich diese Reaktion schon." Der Freundeskreis ist gespalten. „Die Freunde, die selbst der Kirche nahestehen, haben es eher kritisch gesehen. Die säkularisierten Freunde haben sich mit mir gefreut."

Das Postulat verbringt Kerstin bei Arenberger Dominikanerinnen in der Schweiz. Während des zweijährigen Noviziats, zu dessen Beginn sie ihren Zweitnamen Marie erhält, lebt sie im Mutterhaus und nach ihrer Erstprofess 2011 zieht sie nach Oberhausen.

„Hier sind wir eine kleine Gemeinschaft von zehn Schwestern, die noch aktiv sind, und etwa 15 Schwestern, die in unserem Altenheim leben und gepflegt werden müssen. Von denen, die noch im Konvent mitleben können, sind zwei unter 60 und sieben über 80. Fünf Jahre lang war ich hier mit einem Abstand von 40 Jahren die jüngste Schwester." Trotzdem fühlt sich Schwester Kerstin-Marie in Oberhausen wohl.

„Ob das Zusammenleben funktioniert, ist keine Frage des Alters. Meine Mitschwestern sind beeindruckende Frauen. Ich empfinde es als Bereicherung, hier mit Menschen zusammenleben zu können, die ich unter anderen Umständen niemals kennengelernt hätte. Manchmal muss ich mich allerdings schon ein wenig in Geduld üben. Wir haben sechs Schwestern, die nur noch mit dem Rollator gehen können. Da dauert es natürlich länger, bis sie nach dem Stundengebet im Refektorium sind und wir mit dem Essen beginnen können. Außerdem stellt uns unsere Altersstruktur im Alltag auch immer wieder vor Herausforderungen. Das sind oft vermeintliche Kleinigkeiten, wie zum Beispiel die Frage, wer in der täglichen Heiligen Messe die Lesung liest. Die Schwestern mit Rollator können die Stufen zum Altarraum ja nicht mehr hochsteigen."

Trotz der Überalterung ihrer Gemeinschaft hat Schwester Kerstin-Marie keine Angst vor der Zukunft. „2015 gab es ein Treffen für jüngere Ordensleute in Taizé. Da sagte der Generalminister der Franziskaner, Michael Anthony Perry: ‚Na ja, unsere Zukunft ist in Gott – so oder so.' Das ist für mich bis heute ein tragendes Wort. Wir erleben starken Rückgang, aber in dem Bewusstsein bin ich ja bereits eingetreten. Wir sind es inzwischen gewohnt, Häuser zu schließen und Werke abzugeben. Folgt man allerdings statistischen Erhebungen, gibt es im Jahr 2039 immer noch 20 Arenberger Dominikanerinnen, selbst wenn wir bis dahin keinen einzigen Eintritt mehr haben sollten. Dann bin ich auch schon 60 Jahre alt. Und da Ordensfrauen im Durchschnitt eine höhere Lebenserwartung haben als die Zivilbevölkerung, können wir davon ausgehen, dass wir sogar noch mehr als 20 sein werden."

Auf die Frage, was durch das Ordensleben möglich geworden ist, was ansonsten nicht möglich gewesen wäre, hat Schwester Kerstin-Marie eine klare Antwort: „Als Dominikanerin bin ich Teil einer riesengroßen internationalen Familie. Seit ich ins Kloster eingetreten bin, war ich schon in der Schweiz, in Bolivien, in der Slowakei und in Irland. Außerdem studiere ich in den USA. Das ist ein großes Geschenk für mich. Da das Studium zum Dominikanerorden dazugehört, habe ich viele Möglichkeiten, mich fort- und weiterzubilden. Das entspricht mir sehr.

Auf der anderen Seite empfinde ich unseren strukturierten Tagesablauf mit dem Stundengebet manchmal als anstrengend. Vor allem, wenn ich gerade am Schreibtisch sitze und kurz davor bin, etwas zu Ende zu bringen. Wenn ich mich dann aber aufraffe und trotzdem am Chorgebet teilnehme, merke ich, dass es mir guttut, eine Pause einzulegen, innezuhalten und mich neu auszurichten. So hat alles seine Vor- und Nachteile."

Die Gelübde – Armut, Gehorsam und gottgeweihte Keuschheit – sind für Schwester Kerstin-Marie keine große Herausforderung. „Ich finde, das Leben unter den Gelübden macht mich frei und ermöglicht mir sehr viel. Es geht ja nicht darum, dass das Leben im Kloster ein Opfer sein soll. Mit solchen Fragen halte ich mich nicht auf. Das bringt mich nicht weiter. Ich könnte mein Leben nicht auf Verzicht aufbauen." Dass sie keine eigene Familie gründen will, wusste sie beispielsweise schon vor ihrem Eintritt ins Kloster.

„Das ist einfach nicht meine Lebensform. Freundschaften sind mir wichtig, aber für eine Partnerschaft bin ich nicht gemacht. Das habe ich schnell gemerkt, als ich eine Beziehung hatte. Ich bin gerne allein und mache, was ich will. Das gilt auch für meinen Urlaub. Letztes Jahr bin ich mit dem Fahrrad durch Holland geradelt. Das war genau nach meinem Geschmack."

Obwohl die Dominikanerinnen im Urlaub und in der Aktivfreizeit ihr weißes Ordensgewand ablegen dürfen, ist Schwester Kerstin-Marie fast nie ohne Habit unterwegs. „Nur wenn ich Yoga mache, trage ich Sportkleidung. Ich finde es einfach praktisch, dass ich mir nie Gedanken über meine Kleidung machen muss. Allerdings werde ich so natürlich auch oft angesprochen. Das können schöne Begegnungen sein, wie neulich, als mich ein Obdachloser fragte, ob ich für ihn beten könne. Aber es gibt auch blöde Kommentare. Einmal hat mich jemand ‚Babypinguin' genannt und mir dann noch hinterhergerufen, dass ich schwarz werde, wenn ich groß bin. So was nervt."

Mich vom Heiligen Geist führen lassen

Schwester Bettina Peter, Jg. 1987,
Gemeinschaft Chemin Neuf,
Hautecombe, Frankreich

„Wir beten und arbeiten für die Einheit der Christen,
die Einheit der Völker und für unsere eigene innere Einheit.
Das heißt, ich lasse mich von Gott berühren und führen
und nehme mich als Ganzes an."

Wie wäre es, wenn Priester, Männer und Frauen im Zölibat, Ehe-
paare und Familien in einer Gemeinschaft leben würden, um sich
ganz in den Dienst der Kirche zu stellen? Wie wäre es, wenn diese
Gemeinschaft für alle Christen – katholisch, evangelisch, anglika-
nisch, freikirchlich oder orthodox – offen wäre und es einzig da-
rauf ankäme, dass die Mitglieder Jesu in Demut nachfolgen und ihr
Leben für die Einheit der Christen geben wollen?

Als sich der junge Jesuit Laurent Fabre Anfang der 1970er-Jahre in
Lyon diese Fragen stellt, traut er sich kaum, offen mit jemandem da-
rüber zu sprechen. Viel zu unrealistisch erscheint ihm seine Vision.

Doch dann macht ihm ein Kommilitone Mut und er vertraut sich seinen Ordensoberen an. Und – siehe da – kurze Zeit später erhält er die Erlaubnis, seinen Traum zu verwirklichen. So ziehen im Oktober 1973 sieben Personen – vier Männer und drei Frauen –, die zwischen 24 und 35 Jahre alt sind, gemeinsam in ein Haus in der Montée du Chemin Neuf in Lyon.

Dass das Haus, das die Gründungsmitglieder der Gemeinschaft Chemin Neuf wählen, genau in dieser Straße steht, kann durchaus als Zeichen Gottes gesehen werden, denn der Straßenname bedeutet „Neuer Weg". Und es ist – im wahrsten Sinne des Wortes – ein neuer Weg, den die sieben beschreiten. 1984 wird die Gemeinschaft Chemin Neuf vom damaligen Erzbischof von Lyon, Kardinal Albert Decourtray, als öffentliche Vereinigung von Gläubigen und 1992 das Institut Chemin Neuf als klerikales Ordensinstitut diözesanen Rechts errichtet. 2009 erfolgt schließlich die Anerkennung als klerikales Ordensinstitut päpstlichen Rechts in Rom. Heute, nicht einmal 50 Jahre nach der Gründung, haben sich bereits 2.000 Menschen in 30 Ländern der Gemeinschaft angeschlossen. Eine davon ist die 32-jährige Bettina. Sie lebt als zölibatäre Schwester in der französischen Abtei Hautecombe, einem internationalen Schulungszentrum und Sitz des Generalsuperiors der Gemeinschaft.

Bettina kommt 1987 zur Welt und wächst zusammen mit einem älteren Bruder in einem evangelischen Elternhaus in Frankfurt am Main auf. „Meine Mutter ist lutherische Pfarrerin. Bei uns zu Hause wird der Glaube sehr aktiv und bewusst gelebt. Das empfinde ich als großes Geschenk. Für meine Eltern ist es normal, dass der Tag damit beginnt, zu beten und in der Bibel zu lesen. Das ist ihre stille Zeit mit Gott, in der sie für niemanden zu sprechen sind. Genauso normal ist es bei uns zu Hause, dass wir gemeinsam für unsere Anliegen beten. So habe ich schon als Kind erfahren, dass Gott hilft und dass er seine Liebe sehr konkret zum Ausdruck bringt. Das hat mich nachhaltig geprägt."

Bettina engagiert sich schon früh in kirchlichen Gruppen. „Meine Eltern sind sowohl in der evangelischen Landeskirche als auch in der Charismatischen Erneuerung der evangelischen Kirche aktiv. Dadurch war es auch für mich selbstverständlich, mich kirchlichen Gruppen anzuschließen. Vor allem die Arbeit im freikirchlichen Missionswerk *Jugend mit einer Mission*, das zur charismatischen Erneuerung gehört, hat mich herausgefordert und mir viel Spaß gemacht. Es war toll, meinen Glauben mit anderen teilen zu können und ihn durch das Aufführen von Theaterstücken, Musik und Tanz auf der Straße für andere sichtbar zu machen."

Nach dem Abitur will die 19-jährige Bettina Germanistik, Anglistik und Kommunikationswissenschaften in Berlin studieren. Doch zunächst entschließt sie sich, ein Jahr nach Neuseeland zu gehen, um eine Jüngerschaftsschule zu besuchen. „Ich reise sehr gerne und wollte die Zeit nach dem Abi nutzen, um etwas von der Welt zu sehen. Dass ich dabei gleichzeitig meinen Glauben vertiefen konnte, war für mich eine ideale Kombination." Zurück in Deutschland nimmt Bettina ihr Studium auf und schließt sich der christlichen Studentengruppe SMD – Studentenmission Deutschland – an. Diese Studentenvereinigung organisiert christliche Vortragsreihen, Gesprächskreise und Freizeitangebote. Außerdem hilft die SMD ausländischen Studierenden Kontakte zu knüpfen und versteht sich selbst als Brückenbauer zwischen den Kulturen.

„In meinem zweiten Studienjahr wollte ich mir eine kleine Auszeit nehmen und ein paar Tage in Stille und im Gebet verbringen. Als ich auf der Suche nach einem passenden Ort dafür war, gab mir meine Mutter den Tipp, die Gemeinschaft Chemin Neuf in Berlin-Lankwitz zu besuchen. Also fuhr ich für eine Woche dort ins Kloster. Das war meine erste Begegnung mit katholischen Christen." Bettina ist überrascht, denn die Lebendigkeit, mit der die Mitglieder der Gemeinschaft Chemin Neuf ihren Glauben leben, hätte sie nicht erwartet. „Ich hatte ein ganz anderes Bild von der katholischen Kirche. Ich war der Meinung, dass Katholiken sehr traditionsverhaftet sind und dass es bei ihnen für Spontaneität und eine persönliche Gottesbeziehung keinen Platz gibt. Das habe ich bei den Mitgliedern der Gemeinschaft Chemin Neuf ganz anders erlebt. Da konnte ich intensive Beziehungen zu Gott und ihre tiefe Liebe zu Jesus spüren. Außerdem war ich sehr überrascht, als mir die Mitglieder dort von der Straßenmission im Rahmen der Nightfever-Veranstaltungen erzählt haben." Nightfever ist eine Initiative junger Katholiken, die im Rahmen des Weltjugendtages 2005 entstanden ist und sich mittlerweile in über 200 Städten im In- und Ausland verbreitet hat. „Das alles hat überhaupt nicht zu dem Bild gepasst, das ich von der katholischen Kirche hatte.

Als ich meinen Bachelorabschluss in der Tasche hatte, wollte ich nicht nahtlos mit dem Masterstudium beginnen, sondern erst mal einige Praktika absolvieren. Deshalb habe ich eine einjährige Studienpause eingelegt. In dieser Zeit war ich dann noch einmal für ein paar Tage im Kloster Lankwitz. Zum einen hatte ich erneut das Bedürfnis nach Stille, zum anderen wollte ich im Gebet ergründen, welchen beruflichen Weg ich einschlagen sollte."

Bei diesem Aufenthalt im Kloster lernt Bettina ein paar junge Leute aus dem Ausland kennen, die nach Berlin gekommen sind, um Deutsch zu lernen. „Das gefiel mir, und da sich ein anderer Plan gerade zerschlagen hatte, überlegte ich, ebenfalls ins Ausland zu gehen, um eine Sprache zu lernen. Auf meine Anfrage hin schlug mir die Gemeinschaft Chemin Neuf vor, in die Abtei Hautecombe in Frankreich zu gehen.

In Hautecombe habe ich den katholischen Glauben dann noch viel intensiver kennengelernt als bei meinen Aufenthalten im Kloster Lankwitz. Ich war das freie und spontane Gebet gewohnt und hatte hier die ersten tiefergehenden Berührungspunkte mit der katholischen Liturgie. Das hat mich zum Nachdenken darüber gebracht, was Gebet eigentlich ist. Ich habe damals festgestellt, dass Texte, die seit Jahrhunderten gebetet werden, eine ganz besondere Tiefe haben. Auf einmal schaute ich über den Tellerrand meines bisherigen Verständnisses von Gebet. Auch wenn ich das freie Gebet nach wie vor sehr schätze, habe ich doch auch gelernt, wie wertvoll der Psalmengesang und die liturgischen Gebete sein können."

An einige besondere Situationen, die Bettina in den ersten Tagen in Hautecombe erlebt, kann sie sich bis heute gut erinnern. „Eines Abends kam ich in die Abteikirche. Es war ganz still. Die Anwesenden knieten in den Bänken und wirkten ins Gebet vertieft. Auf dem Altar stand etwas, was ich noch nie zuvor gesehen hatte. Ich hatte überhaupt keine Ahnung, was da vor sich ging. Erst im Nachhinein habe ich erfahren, dass das eine Eucharistische Anbetung war und dass man das, was auf dem Altar stand, Monstranz nennt. Das war mir natürlich völlig fremd.

Besonders beeindruckt hat mich ein paar Tage später die Oster-
liturgie – vor allem der Moment, als der Priester in der Osternacht mit dem frisch geweihten Wasser durch die Reihen ging
und die Gläubigen besprengte. Das war für mich ein ganz star-
kes Bild, um auszudrücken, dass es an Ostern nicht nur um die
Geschichte von vor 2000 Jahren geht – also darum, was Jesus erlebt hat und dass er für uns gestorben und wieder auferstanden
ist –, sondern dass es auch um meine persönliche Geschichte geht.
Dass die Erlösung Christi und meine Taufe in dieser Nacht zusam-
menkommen. Dass das ganz konkret etwas mit meinem Leben
zu tun hat. Das hat mich sehr berührt. Dieser Gottesdienst hatte
eine unglaubliche Tiefe für mich. Während meines Aufenthalts in
Hautecombe – der schließlich bis zum Beginn meines Masterstudiums im September dauerte – habe ich viel über andere Christen gelernt. Ich habe erfahren, wie sie ihren Glauben leben, und
meinen Frieden mit ihrer Andersartigkeit gefunden." Auch wenn
viele Aspekte – wie beispielsweise die Heiligenverehrung – nicht
Teil meines Glaubenslebens geworden sind, hat sich durch das gemeinsame Alltagsleben und Beten mein Blick geöffnet hat und ich
konnte geistliche Schätze wahrnehmen, die ich vorher nicht ver-
mutet hätte. Das Besondere an der Gemeinschaft Chemin Neuf ist,
dass jeder seiner Ursprungskirche klar verbunden bleibt. In der
Abteikirche von Hautecombe werden zwar hauptsächlich katholische Gottesdienste gefeiert, aber ich werde zum Beispiel ermutigt,
sonntags in den Gottesdienst meiner evangelischen Gemeinde in
Chambery zu gehen."

Während ihres Aufenthalts in Frankreich kann Bettina an der
Summer School, einem Gemeinschaftspraktikum mit jungen

Christen aus verschiedenen Ländern, teilnehmen. „Wir waren 30 junge Leute, die einen Monat lang mit der Gemeinschaft zusammengelebt haben, das heißt, wir waren nicht in einem Gästebereich untergebracht, sondern echt integriert, haben mitgebetet und mitgearbeitet. Dieses Gemeinschaftspraktikum ist vergleichbar mit *Kloster auf Zeit*. Aber es gab zusätzlich für uns geistliche Vorträge, Impulse fürs persönliche Gebet, Austauschzeiten, Ausflüge und jede Woche ein geistliches Begleitgespräch.

Damals habe ich mich zum ersten Mal mit der ignatianischen Spiritualität beschäftigt. Das war eine wertvolle Erfahrung für mich, da es mein Gebet mit den biblischen Texten stark vertieft hat. Zuvor habe ich mich oft zu schnell gefragt, was Gott mir wohl durch den Text sagen will, und mich dann in meinen eigenen intellektuellen Schlussfolgerungen verloren. Der ignatianische Gebetsschritt, mir die biblische Szene vorzustellen und das Geschehen auf mich wirken zu lassen, hat mir geholfen, dem Text selbst wirklich nachzuspüren und mir die Zeit zu nehmen, darauf zu achten, welches Wort mich anspricht. Es hat meine empfangende, betrachtende, hörende Haltung im Gebet geschärft und mich daran erinnert, dass ich im Gebet in der Gegenwart eines Anderen bin, dessen Wort mich wirklich überraschen, ärgern, trösten und ermutigen kann – ganz anders, als meine eigenen mir bekannten Gedankenmuster das könnten.

Die Spiritualität unserer Gemeinschaft hat ihre Wurzeln sowohl in der ignatianischen Tradition als auch in der Charismatischen Erneuerung. Wir glauben, dass Gott sich uns Menschen unmittelbar offenbaren kann und in unserem Leben wirkt. Wir hören auf den Heiligen Geist und wollen uns von ihm führen lassen. Dabei ist die Unterscheidung der Geister ein wichtiger Aspekt. Es geht darum, immer wieder zu überprüfen, ob ich etwas für Gott mache oder ob das, was ich mache, von Gott kommt. Also zu unterscheiden, ob ich gerade meine eigene Idee verfolge oder ob ich offen bin, wahrzunehmen, was Gott mir sagen will, und darauf zu hören, wohin er mich führt und leitet.

An einem der letzten Abende, die ich vor Beginn meines Masterstudiums in der Gemeinschaft Chemin Neuf verbracht habe, habe ich mit der Bibelstelle gebetet, in der es heißt: ‚... dann verließen sie alles und folgten Jesus nach.‘ Plötzlich hatte ich das Gefühl, dass diese Stelle für mich relevant ist. Ich wusste, dass ich meinen Master in England machen und viele neue Erfahrungen sammeln würde und dass gleichzeitig irgendetwas anderes Unbekanntes danach auf mich warten würde.“

Auch während ihres einjährigen Masterstudiums lassen Bettina die Eindrücke, die sie bei der Gemeinschaft Chemin Neuf gesammelt hat, nicht los. „Obwohl ich mich in England mit ganz anderen Themen beschäftigte, hatte ich den Wunsch, einmal eine Woche Schweigeexerzitien zu machen. Ich hatte in Frankreich so viel darüber gehört, dass ich es unbedingt selbst ausprobieren wollte. Und so bin ich schließlich – mitten in meiner Abschlussarbeit – nach Hautecombe gereist, um Exerzitien zu machen.

Am letzten Tag der Exerzitien spürte ich während der Messe plötzlich eine ganz große Freude. Ich hatte das Gefühl, vor Freude zu platzen. Und gleichzeitig stieg aus meinem Herzen das Gebet empor: ‚Ja, Jesus, ich will dir wirklich nachfolgen mit allem, was ich bin, selbst wenn du mich in den Zölibat rufst, ich will dir folgen.‘ Ich hatte das Bild von Jesus vor meinem inneren Auge, der über das Wasser geht, und Petrus, der im Boot sitzt und ihm zuruft: ‚Wenn du sagst: Komm, dann komme ich.' Das war ein sehr starker Moment im Gebet und gleichzeitig war ich so überrascht und irritiert. Ich konnte dieses Gefühl nicht richtig einordnen und wusste auch nicht, ob Jesus wirklich ‚Komm!' zu mir sagt." Trotzdem beschließt Bettina, das Erlebte ernst zu nehmen und nach dem Abschluss ihres Masterstudiums die Bibelschule der Gemeinschaft Chemin Neuf zu besuchen, um ihrer Berufungsfrage nachzugehen.

„Rückblickend muss ich sagen, dass ich etwas naiv war. Ich dachte, ich mache jetzt die Bibelschule, stelle Gott die Frage nach meiner Berufung, er antwortet und dann mache ich, was er mir sagt. Aber so schnell und direkt war es nicht. Im Gegenteil: Während der Zeit sind plötzlich neue Themen hochgekommen, die ich lange verdrängt hatte. Aber da ich jede Woche ein Begleitgespräch hatte, war es für mich ein guter Rahmen, mich damit auseinanderzusetzen. Und durch die Stille, den vereinfachten Lebensstil, das Gemeinschaftsleben und die Zeit im Gebet konnte Gott auch an meiner inneren Heilung arbeiten. Am Ende des Bibelschuljahres wurde ich dann von der Gemeinschaft gefragt, ob ich ins Noviziat – bei uns nennen wir diese zweijährige Ausbildungszeit Nazareth – eintreten wolle.

Das war eine schwere Entscheidung für mich. Obwohl ich mich in der Gemeinschaft wohlfühlte und es als einen Ort des Wachstums für mich sah, spürte ich die Angst vor dem Ungewissen und vor einem möglichen ‚Misserfolg', falls sich die Wahl nicht bestätigen würde. Da hat Gott mich ermutigt. Denn plötzlich wusste ich: Es geht darum, einen Weg zu gehen. Wenn ich jetzt schon wüsste, was ich in zwei Jahren entscheide, müsste ich diesen Weg nicht mehr beschreiten. Das hat in mir das Vertrauen gestärkt, dass Gott mich nicht allein lässt und mir zeigen wird, ob ich auf dem richtigen Weg bin."

Inzwischen hat Schwester Bettina sowohl die Gemeinschaft Chemin Neuf als auch den Zölibat gewählt. Nachdem sie während des Noviziats einige Zeit im Kloster Lankwitz in Berlin verbrachte, ist sie heute in der Abtei Hautecombe heimisch. „Ich fühle mich in unserer Gemeinschaft sehr wohl. Ich wachse immer mehr durch unser geschwisterliches Miteinander und unsere Art zu beten. Unser Tag beginnt klassisch mit dem Morgenlob. Allerdings beten wir nicht nur das Stundengebet, sondern singen auch eine Lobpreis-Hymne und haben die Möglichkeit, uns im freien Gebet spontan zu äußern.

Dienstags ist in den meisten Häusern unserer Gemeinschaft ein Wüstentag. Diesen Tag im Schweigen nutzen wir bewusst zur inneren Einkehr, zur Ruhe und für das Gebet. Während der Messe gibt es dann einen besonderen Zeitraum für die Versöhnung. Wenn man mit einem Bruder oder einer Schwester etwas zu klären hat, kann man hingehen, ihm oder ihr auf die Schulter klopfen und um Vergebung bitten. Wer möchte, kann während dieser Zeit auch zur Beichte gehen. Mittwochs treffen wir uns in unseren Fraternitäten. Das sind Kleingruppen, die aus acht bis zwölf Personen bestehen. In diesen Gruppen teilen wir alle Themen, die uns beschäftigen. Das ist ein geschützter Gesprächsrahmen, denn alles, was in dieser Gruppe erzählt wird, bleibt auch in der Gruppe."

Das Zusammenleben von Männern, Frauen, Ehepaaren und Familien funktioniert gut. Alle haben in der Gemeinschaft ihren

Platz. „Es gibt Räume, die wir geschwisterlich nutzen, wie zum Beispiel unseren Speisesaal. Und es gibt Bereiche, die klar voneinander separiert sind. So befinden sich die Privaträume von Männern und Frauen in getrennten Wohntrakten und Ehepaare oder Familien haben eigene Wohnungen oder kleine Häuschen. Ich empfinde es als bereichernd, auch mit Brüdern und Familien in einer geschwisterlichen Gemeinschaft zu leben.

Manchmal fragt man mich, ob es nicht auch vorkommt, dass man sich verliebt. Das ist ja vollkommen menschlich. Dafür muss man sich nicht schämen. Die Frage ist nur, wie man damit umgeht. Je nach Situation kann es zum Beispiel hilfreich sein, das Haus zu wechseln, um dem anderen nicht ständig zu begegnen. Aber vielleicht ist das Verliebtsein auch ein Indiz dafür, dass es in einem anderen Bereich des Lebens gerade nicht stimmt. Da muss man sehr genau hinsehen."

Grundsätzlich gibt es in der Gemeinschaft Chemin Neuf zwei unterschiedliche Lebensmodelle: Auf der einen Seite gibt es die Lebensgemeinschaft, wie man sie vom klassischen Ordensleben kennt. „Hier in Hautecombe leben 80 Menschen in einem großen Haus. Wir haben Gemeinschaftseigentum, Gemeinschaftsräume, eine große gemeinsame Wäscherei. Es wird für alle gekocht und wir leben unseren Alltag zusammen. Familien haben zwar eigene Apartments, nehmen aber möglichst oft am Gemeinschaftsleben teil. Wichtig ist dabei, dass nur die Erwachsenen in unserer Gemeinschaft engagiert sind und nicht die Kinder. Die andere Lebensform nennen wir Stadtviertelgemeinschaft: Das heißt, es gibt Mitglieder unserer Gemeinschaft, die in ihrem eigenen Appartement wohnen, ihrer Arbeit nachgehen, aber trotzdem in der

Gemeinschaft engagiert sind. Sie tragen die Mission mit, nehmen am Morgenlob teil und leben verbindliche Fraternitäten. Das heißt, sie treffen sich einmal pro Woche zum gemeinsamen Abendessen, zu Gebetszeiten und zum Austausch. Die Geschwister, die in Stadtviertelgemeinschaften leben, gelten ebenfalls als volle Mitglieder unserer Gemeinschaft."

Dass sich Schwester Bettina auch als evangelische Christin in einer katholischen Gemeinschaft wohlfühlt, liegt an der ökumenischen Berufung von Chemin Neuf. „Jeder von uns ist aufgerufen, seinen Glauben zu leben, wie es seiner Tradition entspricht. Für mich gehört die Marienverehrung zum Beispiel nicht dazu. Aber ich respektiere es natürlich, dass sie bei meinen katholischen Geschwistern Teil ihrer Spiritualität ist. Wir sind hier sehr frei und gehen achtsam mit den Bedürfnissen der anderen um. Wir beten und arbeiten für die Einheit der Christen, die Einheit der Völker und für unsere eigene, innere Einheit. Das heißt, ich lasse mich von Gott berühren und führen und nehme mich als Ganzes an."

Rechteinhaber der verwendeten Abbildungen

Pater Timotheus Bosch	© Frank Bauer
Schwester M. Ursula Hertewich	© Conny Kurz
Schwester M. Serafina Adler	© Klarissenkloster Bautzen
Pater Isaak Maria Käfferlein	© Zisterzienserpriorat Neuzelle/Dante Busquets
Schwester M. Martha Metzger	© Stephanie Mende
Schwester Barbara Volk	privat
Bruder Matthäus Mayer	© Stephanie Mende
Schwester Yvonne Wanke	© Tobias Hartmann
Schwester Emmanuela Hartmann	k.a.
Bruder Julian Kendziora	© markushubernet
Kleine Schwester Ulrike-Dorothea	privat
Schwester Doris Engelhard	© Cassian Jakobs OSB
Pater Remigius Rudmann	© Stephanie Mende
Susanne	kein Foto
Schwester Kerstin-Marie Berretz	privat
Schwester Bettina Peter	privat

223

MIX
Papier aus verantwor-
tungsvollen Quellen
FSC
www.fsc.org   FSC® C014496

© 2020 adeo Verlag, Dillerberg 1, 35614 Asslar

1. Auflage 2020
Best.-Nr. 835247
ISBN 978-3-86334-247-0

Umschlagfotos: Conny Kurz, Cassian Jakobs OSB,
Stift Heiligenkreuz, Barmherzige Brüder / altrofoto.de,
Julia Martin / Abtei Münsterschwarzach / Markushubernet
Umschlaggestaltung: Mareike Schaaf
Satz: Uhl + Massopust, Aalen
Druck und Verarbeitung: GGP Media GmbH, Pößneck
Printed in Germany

www.adeo-verlag.de